Basiswissen

Politik / Geschichte / Ökonomie

Andreas Pittler

Geschichte Irlands

PapyRossa Verlag

Eine Übersicht aller Titel der PapyRossa-Reihe Basiswissen Politik / Geschichte / Ökonomie finden Sie unter shop.papyrossa.de/basiswissen

Luxemburger Str. 202, D-50937 Köln
Tel.: +49 (0) 221 – 44 85 45
Fax: +49 (0) 221 – 44 43 05
E-Mail: mail@papyrossa.de
Internet: www.papyrossa.de

Druck: Interpress

Die Deutsche Bibliothek verzeichnet diese Publikation in der Deutschen Nationalbibliografie; detaillierte bibliografische Daten sind im Internet über http://dnb.ddb.de abrufbar

ISBN 978-3-89438-799-0

Inhalt

Einleitung 6

1. Eine nötige Vorgeschichte 10

2. Auf dem Weg zur Unabhängigkeit (1900-1916) 26

3. Auf dem Weg zum Freistaat (1916-1923) 41

4. Die Ära de Valera (1923-1966) 48

5. Die Entwicklung im Norden 64

6. Vom Hungerstreik zum keltischen Tiger (1981-2011) 79

7. Von der Finanzkrise ins Heute (seit 2011) 100

Ausblick 119

Weiterführende Literatur 123

Einleitung

Vor einem Vierteljahrhundert war die Republik Irland buchstäblich »everybody's darling«. Kein europäisches Land war so populär und wurde mit derartig großer Sympathie betrachtet wie die grüne Insel. Die Gründe dafür waren vielfältig. Ökologisch angehauchte Touristen begeisterten sich für romantische Fahrten im »Tinker-Wagen« (eine Art Planwagen, der von den irischen Roma und Sinti benutzt worden war), Kunstbeflissene verbeugten sich vor den Zeugnissen gälisch-christlicher Kultur wie dem Buch von Kells oder den Rundtürmen mittelalterlicher Klöster, Literaturaffine erhoben Autoren wie James Joyce, Samuel Beckett oder auch Oscar Wilde quasi zur Ehre der Altäre, die Jugend wiederum sang begeistert irischen Folk nach, wie er von den »Dubliners«, irische Popmusik, wie sie von U2 oder Sinead O'Connor dargeboten wurde, und nicht umsonst gewannen die Iren in den 90er Jahren des vorigen Jahrhunderts den »Eurovision Song Contest« am Fließband. Die irische Fußballmannschaft wurde für ihren unkonventionellen Stil ebenso geliebt wie für ihre Fähigkeit, ausgerechnet immer gegen die Großen des Sports wie Deutschland, England oder Holland zur Höchstform aufzulaufen, und schließlich sorgten »Irish Pubs«, die in jenen Tagen wie Pilze nach dem Regen in fast allen Städten Europas aus dem Boden schossen, dafür, dass Guinness und Irish Whiskey zu den meistgefragtesten Getränken in der europäischen Gastronomie wurden.

Die Iren verstanden es trefflich, dieses, ihr positives Image zu vermarkten. Sie präsentierten sich als ebenso unangepasst wie entspannt, als stets lustiges Völkchen, immer mit einem Augenzwinkern, fromm, gottesfürchtig und doch latent subversiv. Rebellisch eben. Die glorreichen Aufstände gegen die »Sassenach«, die Engländer, wurden in höchsten Ehren gehalten, obwohl im Zweifel niemand zu sagen vermochte, wer wann in welcher Auseinandersetzung führend tätig gewesen war. Das Gälische galt als die eigentliche Staatssprache, doch merkten sich die Absolventen des irischen Schulwesens davon in etwa so viel wie hierzulande die Lateinschüler in den Gymnasien. Dementsprechend beschränkt sich der Gebrauch des Gälischen auf ein paar Auftakt- und Schlussfloskeln, während man sich dazwischen erleichtert des Englischen bedient. Immerhin bleiben einige gälische Ausdrücke im Alltag auch weiterhin in aller Munde: der Regierungschef ist der »Taoiseach« (gesprochen »Tieschok«), der Staat heißt offiziell »Poblacht na héireann« (gesprochen »Poblacht n'Ehran«) und selbst Dublin heißt eigentlich »Baile Atha Cliath« (was von den meisten Sprechenden zu einer Art »Baklia« verschliffen wird). Fragt man die (älteren) Iren nach ihren Gälisch-Kenntnissen, so antworten sie meist mit dem Satz »Darf ich auf die Toilette?«, denn ohne diese magische Formel durfte man in früheren Zeiten in den Schulen nicht austreten.

Irland hat den Ruf, das katholischste aller europäischen Länder zu sein, konkurrenziert höchstens noch von Polen. Und tatsächlich war der Einfluss der irischen Kirche bis in die jüngste Vergangenheit gewaltig. Ehescheidungen waren ebenso verboten wie Abtreibungen, was dazu führte, dass viele verzweifelte Mädchen sich in die Hände von »Engelmacherinnen« begaben, während gutbetuchtere Frauen schnell mal einen Kurzurlaub in England machten, wo Abtreibung legal war. Dieses Thema war so virulent, dass es auch mannigfach

Eingang in die Literatur fand, was allerdings noch nicht bedeutete, dass es die Bevölkerung auch zu lesen bekam, denn bis weit in die 70er Jahre des 20. Jahrhunderts hatte Irland eine Zensur, die jener der Sowjetunion kaum nachstand. Joyce und Beckett waren ebenso »banned in Ireland« wie Boccaccio, Dante oder Gorki. Und natürlich verbot die katholische Kirche ihren Schäflein auch den Gebrauch von Präservativen, die nur an die Angehörigen anderer Religionsgemeinschaften verkauft werden durften. Was zu der statistischen Besonderheit führte, dass jeder irische Protestant durchschnittlich fünf Kondome am Tag verbrauchte. Wie gesagt, das »Augenzwinkern« milderte auch das strengste Regime. Als 1992 ruchbar wurde, dass Eamonn Casey, der Bischof von Galway, jahrzehntelang in einer eheähnlichen Verbindung gelebt und dabei sogar einen Sohn gezeugt hatte, dauerte es nicht lange, bis der Volksmund folgende Frage stellte: »Warum sollte jeder Priester immer Kondome bei sich haben? Für alle Fälle!« Ein Wortspiel mit »just in cases« und dem Namen des Bischofs.

Zuletzt freilich geriet die katholische Kirche auch in Irland unter Druck. Zahlreiche Missbrauchsskandale, die fürchterlichen Zustände in katholischen Privatschulen und Internaten und die Unfähigkeit, sich auf neuere Zeiten einzustellen, machten aus der »moralischen Instanz« mehr und mehr einen Anachronismus. Dies auch deshalb, weil Irland, seit es sich vor nunmehr 30 Jahren anschickte, zum »keltischen Tiger« zu werden, nicht länger Auswanderungs-, sondern vielmehr Einwanderungsland geworden war. Zählte das Land 1991 noch 3,5 Millionen Einwohner, so sind es heute fünf Millionen. Zwar stellen unter den ausländischen Einwohnern Irlands nach wie vor die Polen das größte Kontingent, doch der Zuzug von Indern, Pakistanis und Personen afrikanischer Herkunft hat die Bevölkerungsstruktur nachhaltig gewandelt. Tatsächlich bekennen sich heute nur noch 78 Prozent der Bewohner zur katholischen Kirche, während noch vor einem Jahrhundert selbst marxistische Theoretiker wie James Connolly wie selbstverständlich die heiligen Sakramente empfingen. 2017 wurde schließlich mit Leo Varadkar ein Mann mit indischem Migrationshintergrund Taoiseach und damit – übersetzt man den Begriff wörtlich – »Häuptling aller Gälen«.

Seit »Riverdance« (die Showeinlage beim Eurovision Song Contest 1993 wurde zum Synonym für »das Glück der Iren«) ist freilich einiges im Fluss. Der keltische Tiger biss sich an der Finanzkrise ab 2008 nachhaltig die Zähne aus und stürzte Anfang des vorigen Jahrzehnts ökonomisch dramatisch ab. Seitdem steht der stramme Neoliberalismus ebenso in der Kritik wie die katholische Kirche, und neue politische Kräfte auf der Linken bekamen beträchtlichen Aufwind. Bei der Parlamentswahl 2016 erhielten marxistische Gruppierungen knapp 6 Prozent der Stimmen und zogen mit zehn Abgeordneten in den 158-sitzigen Dail ein. 2020 büßten sie zwar Stimmen und Mandate ein, doch lag das nicht zuletzt auch am fulminanten Wahlsieg der Sinn Fein, die in jenem Jahr erstmals seit 1918 wieder zur stärksten politischen Fraktion im Parlament wurde. Dies hatte freilich weniger mit der Sehnsucht nach einer Wiedervereinigung einer gälisch dominierten Insel zu tun, als mit den Unwägbarkeiten des Brexit und mit der allgemeinen Enttäuschung über die beiden großen Volksparteien (die übrigens beide Abspaltungen von Sinn Fein sind), die die ökonomischen und sozialen Probleme der letzten Jahre nicht zu lösen vermochten. Und waren sich Fine Gael (Stamm der Gälen) und Fianna Fail (Soldaten des Schicksals) seit ihrem Streit über die Art der Loslösung von England und dem darauf folgenden Bürgerkrieg in den Jahren 1921 bis 1923 spinnefeind, so einigten sie sich erstmals in der Geschichte Irlands auf eine Koalition, um die Macht nicht etwa fortschrittlicheren Parteien überlassen zu müssen.

Das »alte Irland« existiert also nur noch im für die Touristen aufbereiteten Narrativ, das »neue Irland« ist bis dato nicht viel mehr als eine PR-Erzählung. Die Zukunft wird weisen, wohin die grüne Insel treibt – und ob ihre Bewohner sich darauf beschränken werden, diese Entwicklung bei einigen Pints zotig zu kommentieren.

1.
Eine nötige Vorgeschichte

Noch während der letzten Eiszeit war Irland bis auf wenige Teile von einer dicken Eisschicht bedeckt. Wenn es zuvor eine Form der Besiedlung gab, so ist diese durch nichts dokumentiert. Der anschließende Klimawandel sorgte jedoch dafür, dass sich das rasch änderte, zumal Irland damals durch den niedrigeren Meeresspiegel mit Schottland verbunden war. Mesolithische Jäger und Sammler setzten auf die »Noch-nicht-Insel« über und hinterließen die ersten archäologisch auswertbaren Spuren menschlicher Existenz. An den Ufern des Flusses Bann fand sich ein Siedlungsplatz, der durch verkohlte Haselnüsse auf ca. 7.000 vor Christus datiert werden konnte. Die damaligen Iren wohnten in Rundhütten, die mit Laub und Rinde bedeckt waren, fingen Lachse und Aale, sammelten Nüsse und Beeren und verwendeten – passend zur Bezeichnung des Zeitalters – Steine als Werkzeuge. 3.000 Jahre später wurden die Nomaden sesshaft, lernten Nutzvieh zu halten und Getreide anzubauen. Auch die ältesten erhaltenen Töpferwaren stammen aus dieser Periode.

Allerdings zeigten diese Steinzeitmenschen bald ein besonderes Talent zum Bau von Gräbern, die heute noch von den vielen Touristen, die nach Irland kommen, bestaunt werden können. Dazu zählen Dolmen, wie sie vor allem in der Gaeltacht, dem Westen Irlands, zu finden sind, aber auch große Grabhügel wie jener von Newgrange im Osten Irlands, wobei die dortige Anlage die Besonderheit aufweist, dass die eigentliche Grabkammer jedes Jahr zur Wintersonnenwende durch eine eigene Öffnung vom Sonnenlicht getroffen wird – eine astronomische Meisterleistung, die bis zum heutigen Tag funktioniert. All diese Errungenschaften erscheinen umso beeindruckender ob des Faktums, dass in jenen Tagen kaum mehr als 10.000 Menschen auf Irland lebten.

Der um etwa 300 vor unserer Zeitrechnung erfolgte Übergang zur Eisenzeit geht einher mit der Einwanderung der Kelten auf der grünen Insel. Diese strömten in mehreren Wellen nach Irland, wobei die Gaelen als letzte ca. hundert Jahre vor der Zeitenwende auf das Eiland kamen. Diese waren in Clans (Familien) organisiert und gaben sich als erste Bewohner so etwas wie ein Staats- und Rechtswesen. Die jeweiligen Familienoberhäupter, Chieftain genannt, avancierten zu einer Art Lokalkönig, der jeweils über ein überschaubares Territorium uneingeschränkt herrschte. Und da sich die Römer an Irland nicht interessiert zeigten, konnte sich diese gälische Stammesgesellschaft beinahe ein Jahrtausend lang ungehindert entfalten. Eine bedeutende Rolle hatten dabei einerseits die Druiden, die für die religiöse Ausrichtung der Clans verantwortlich zeichneten, und die Rechtsgelehrten, die Brehons, die sich einer eigenen Schrift zu bedienen verstanden und den Rechtsbestand der zu Gentes bzw. Stämmen zusammengefassten Clans aufzeichneten und interpretierten. Nicht minder wichtig für die Gemeinschaft waren die Barden, die mit ihren Gesängen nicht nur die Mitglieder des Clans unterhielten, sondern auch die gemeinsame Geschichte bewahrten, ähnlich den Skalden in den Wikinger-Gesellschaften. Auf diese Weise entstanden im Laufe der Zeit einige Sagen von lokaler

Bedeutung – etwa über den Helden Cuchulainn oder über Finn MacCool –, andere Erzählungen gingen gleichsam auf Wanderschaft und fanden auch im übrigen Europa Verbreitung, so etwa die Geschichte von Diarmuid und Grainne, die hierzulande unter »Tristan und Isolde« bekannt ist. Wie bei den alten Griechen, Römern, Germanen und Wikingern haben die Sagen oftmals einen historischen Kern, der jedoch meist bis zur Unkenntlichkeit durch spätere Interpretationen entstellt ist.

Die Familienoberhäupter wurden gewählt, eine automatische Nachfolge des (ältesten) Sohnes war nicht vorgesehen. Phasenweise gab es bis zu 150 Kleinstreiche, die zu mehreren Provinzen zusammengefasst waren. Die Namen dieser Landesteile – Ulster, Munster, Leinster und Connacht – sind bis zum heutigen Tag in Verwendung. In diesen Gegenden setzten sich einzelne Familien durch, die dann die Könige über Ulster, Munster, Leinster und Connacht stellten, so namentlich die O'Neill, die O'Connor, die O'Brien, die O'Rourke und andere. Das »O'« bezeichnete dabei erneut die Stammeszugehörigkeit und bedeutet wörtlich »Enkel des« – so wie »Mac« wiederum »Sohn des« heißt. Allerdings waren diese Namenszusätze keine Patronymika im eigentlichen Sinn, denn sie blieben immer gleich, weil sich alle Angehörigen der Familien jeweils auf einen – meist legendären – »Stammvater« zurückführten. Dementsprechend waren die Frauen vom Clan der O'Brien »Ni Brien« (Tochter des), auch wenn der tatsächliche Vater Fergal oder Angus hieß.

Im 5. Jahrhundert unserer Zeitrechnung setzte sich das Christentum relativ rasch auf der Insel durch, dies umso mehr, als es die Herrscher verstanden, es in ihr System zu inkorporieren. Dies half mit, die bestehenden Strukturen quasi theologisch zu fundieren und die entstehende Feudalstruktur, in der das Clanoberhaupt oder Chieftain ähnliche Rechte wie ein Feudalherr innehatte, zu legitimieren. Der rasche Erfolg der neuen Religion lässt sich auch dadurch erklären, dass sie den Menschen ihre Angewohnheiten ließ und diese einfach nur neu interpretierte. Die Pilgerreise auf den Berg des keltischen Gottes Crom wurde flugs zur Wallfahrt in Gedenken an den heiligen Patrick umgedeutet, wobei keine der beiden Seiten groß examinierte, weshalb jemand nun wirklich auf den Berg stieg.

Gleichzeitig erlebte mit der neuen Kirche die Kultur einen ungeahnten Höhenflug, da sich die mannigfach gegründeten Klöster als Hort der Gelehrsamkeit und des Wissenserwerbs etablierten, wovon heute noch Anlagen wie Clonmacnois oder Glendalough zeugen. Vor allem die kombinierte Kunst von Handschrift, Bildgestaltung, Metallarbeit und Bindung brachten einzigartige Kunstwerke wie etwa das »Book of Kells« hervor, das im europäischen Vergleich der damaligen Zeit seinesgleichen sucht.

Irische Mönche zählten bald zu den größten Gelehrten ihrer Zeit, wovon etwa die Werke von Johannes Eriugena, Kolumban von Iona oder des heiligen Virgil belegen. Konsequenter Weise leistete die irische Kirche gleichsam Entwicklungshilfe auf dem Kontinent, indem sie zahlreiche Missionare in die Gebiete der heutigen Staaten Deutschland, Österreich, die Schweiz oder Norditalien schickte, die dort rasch neue christliche Strukturen aufbauten. Erwähnt seien hier etwa Gallus (der Sankt Gallen gründete), der »Frankenapostel« Kilian oder der Pfälzer Patron Pirmin sowie Fiachra, der in Frankreich missionierte und nach dem die in Wien so populären Fiaker-Kutschen benannt sind. Auch Eriugena selbst wirkte als Missionar und war lange am Hofe Karls des Großen tätig.

Die religiöse Idylle fand ein jähes Ende, als 795 erstmals Wikinger vor Irland auftauchten. Nach einigen Jahren steter

Raubzüge gingen sie dazu über, sesshaft zu werden, und wurden so zu den Gründern der ersten Ansiedlungen städtischen Charakters in Irland. Orte wie Dublin, Wexford, Wicklow, Leixlip oder Waterford gehen direkt auf skandinavische Basen zurück. Der politische Einfluss der Wikinger ging erst zurück, als sie 1014 die Schlacht bei Clontarf gegen die vereinten Clan-Armeen der Gälen – zu welchem Zweck der König von Leinster zum »Hochkönig« über alle Provinzen gekürt worden war – verloren. Als Handelsmacht freilich blieben sie noch Jahrzehnte präsent, gerade lange genug, um ihre normannischen Cousins in England siegen zu sehen.

Die Iren freilich zerfielen bald wieder in rivalisierende Clans, die um die Oberhoheit auf der Insel rangen. Gegen Ende des 12. Jahrhunderts stellten die O'Connor aus Connacht die Hochkönige, was der Herrscher von Leinster nicht akzeptieren wollte. Er suchte die Hilfe des englischen Königs Heinrich II., der sich praktischer Weise schon zuvor vom Papst (der selbst Engländer war) das Recht auf die Oberhoheit über Eire (wie Irland auf Gälisch hieß) hatte zusichern lassen. 1169 landeten die aus England kommenden Anglonormannen auf der Nachbarinsel und unterwarfen binnen Jahresfrist alle irischen Herrscher.

Der Sieg der Nachbarn läutete das Ende der gälischen Strukturen ein. Besitz gehörte nicht länger einem Clan unter Verwaltung des Chieftain, sondern einer einzelnen Privatperson, die ihn an den ältesten Sohn weitervererbte. Auch die formale Gleichstellung der Frau, wie sie im brehonischen Recht festgeschrieben war, wurde zugunsten der christlichen Maxime, wonach die Frau dem Manne untertan sein solle, aufgegeben. Die Normannen krallten sich, was sie kriegen konnten, und schützten ihre so erlangten Domänen durch den intensiven Bau von Burgen und Schlössern. Die waren zunächst noch eher primitiv aus Holz, wurden von einem

Graben umgeben,, recht bald jedoch aus solidem Stein errichtet. Was jedoch die Engländer übersehen hatten, war der Umstand, dass es der Gälen viele gab, während sie nur eine kleine Oberschicht ausmachten, sodass sie – wie ihre normannischen Verwandten seinerzeit in Süditalien oder in Russland – relativ rasch assimiliert wurden. Um ihre Herrschaft abzusichern, mussten die normannischen Lords Gälinnen heiraten, und nach wenigen Generationen waren die beiden Gruppen derart vermischt, dass es London mit Sorge erfüllte. Das 1366 erlassene Statut von Kilkenny sollte eine strikte Trennung der beiden »Rassen« garantieren, wie 580 Jahre später in Südafrika war jeder Umgang mit VertreterInnen der anderen Nation bei Höchststrafe verboten, zudem durften sich Normannen nicht des Gälischen bedienen, gälische Sportarten ausüben oder auch nur die Harfe spielen. Die drastische Maßnahme war freilich nichts weiter als ein Eingeständnis der eigenen Niederlage, denn bald schon sahen sich die Engländer auf einen kleinen Küstenstreifen im Osten Irlands reduziert – »Pale« (Pfahl) genannt, weil sich die Normannen hinter einer Palisadenwand vor den Gälen zu schützen trachteten. Zu Beginn der Tudor-Herrschaft in England im späten 15. Jahrhundert mussten sich die führenden Köpfe der »Sassenach« (gälisch »Sachsen« für Engländer) eingestehen, dass sie keine Kontrolle mehr über Irland besaßen. Daran änderten auch neue Gesetze wie etwa »Poynings Law« nichts, mit dem die Iren politisch entrechtet wurden. Mangels Möglichkeit zur Durchsetzung dieser Gesetze fanden sie auf der grünen Insel einfach keine Umsetzung.

Die Gründung der anglikanischen Staatskirche brachte eine zusätzliche Komponente in den englisch-irischen Konflikt. Während die Katholiken in England, Schottland und Wales relativ sang- und klanglos untergingen, blieben die Iren beinahe in ihrer Gesamtheit dem Papsttum treu, was die Gegensätze zu den übrigen »Briten« rasch dramatisch verschärfte. Schon Heinrich VIII. wälzte daher Pläne, Irland in seiner Gesamtheit zu unterwerfen, doch erwies sich der Widerstand der Gälen als so hartnäckig, dass sich der englische König vorerst mit Loyalitätsbekundungen zufrieden gab und von einer weiteren Kriegsführung absah. Erst seine Tochter Elisabeth I. bemühte sich erneut darum, Irland im späten 16. Jahrhundert vollends in das englische Fahrwasser zu holen, womit sie schließlich einen Aufstand des »großen O'Neill«, des unumschränkten Herrschers von Ulster, provozierte, der bald auf die ganze Insel übergriff. O'Neill erkannte dabei, dass er seine Landsleute nur dann auf seine Seite ziehen konnte, wenn er sich katholisch und gälisch gab, weshalb er das »brehonische Recht« wiederaufleben ließ und seine Sache als die der »Freiheit Irlands« ausgab. Tatsächlich konnte er zu Beginn der Revolte mehrere beachtliche Siege erringen, die Englands Stellung in Irland phasenweise auf die Kontrolle über das Dubliner Schloss reduzierten. Zudem gelang es O'Neill, ein Bündnis mit dem katholischen Spanien zu schmieden, das mit England seit der Machtübernahme Elisabeths mehr als nur ein Huhn zu rupfen hatte.

Allerdings landeten die Spanier entgegen den ursprünglichen Vereinbarungen an der Südküste Irlands, was O'Neill zwang, quer durch die ganze Insel zu marschieren, um sich mit den Iberern vereinigen zu können. Die waren bereits von einem englischen Expeditionskorps hart in die Mangel genommen worden, als die erschöpften Gälen eintrafen. Am Weihnachtstag 1601 verlor O'Neill bei Kinsale die entscheidende Schlacht und das Gros seiner Armee. Ihm blieb letztlich nichts als die Kapitulation. Wenig später floh er mit dem verbliebenen Rest des gälischen Adels auf den Kontinent, ein Vorgang, der als »Flight of Earls« in die Geschichte einging. O'Neills Niederlage bedeutete das endgültige Ende altkeltischer Tradition, da die Engländer, um zukünftiges Unbill von vornherein auszuschließen, nennenswerte Kontingente englischer und schottischer Protestanten auf die ehemaligen Domänen der O'Neills verbrachte – bis 1622 über 20.000 Menschen –, die dort bis zum heutigen Tag für eine evangelische Mehrheit im immer noch englisch regierten »Nordirland« sorgen.

Ein Vierteljahrhundert später ging Oliver Cromwell noch einen Schritt weiter. Seiner Ansicht nach genügte es nicht, angloschottische Protestanten nach Irland zu bringen, man musste zudem auch die einheimischen Katholiken buchstäblich ausrotten. Er setzte mit einer großen Armee nach Irland über und begann seine Kampagne damit, 2.600 Einwohner von Drogheda abschlachten zu lassen, ein Massaker, das für die damalige Zeit ohne Vergleich war. Cromwell zog eine wahre Spur der Verwüstung durch die Insel und entkleidete die Einheimischen aller Rechte. Wer weiter dem katholischen Glauben anhängen oder auch nur Gälisch sprechen wollte, der musste sich westlich des Shannon ansiedeln, was mit dem Slogan »To Hell or to Connacht« sinnfällig unterstrichen wurde. Am Ende von Cromwells Attacke gehörte in ganz Irland nur noch ein Fünftel des Bodens Personen, die nicht der anglikanischen Staatskirche und dem englischen Establishment angehörten. Und diese Flächen galten als die unwirtlichsten, unfruchtbarsten und trostlosesten des ganzen Eilandes.

Letztlich freilich obsiegte auch Cromwell nicht dauerhaft. Nicht nur, dass sein politisches System ihn kaum um zwei Jahre überlebte, der dringende Bedarf an Arbeitskräften auf den protestantischen Ländereien führte rasch dazu, dass etliche Katholiken bald wieder in den Osten Irlands zurückfluteten, diesmal aber gleichsam als Hörige der protestantischen Herren.

Der so erzwungene gesellschaftliche Wandel ging einher mit einem signifikanten Bevölkerungswachstum. Zählte die grüne Insel zu Cromwells Tagen kaum mehr als eine Million Einwohner, so wuchs diese Zahl vor allem im 18. Jahrhundert rasch an. 1732 erreichte man die Zweimillionen-Marke, 1788 lebten schon vier Millionen auf der Insel, um schließlich 1841 die enorme Zahl von 8,2 Millionen Iren zu erreichen, rund eineinhalb Millionen Menschen mehr als im Jahre 2020.

Der politische und soziale Antagonismus prägte derweilen ungebrochen die geschichtliche Entwicklung des Landes. Ein Vierteljahrhundert nach der Restauration der Monarchie kam mit James II. erstmals seit den Tagen von Königin Maria wieder ein Katholik auf den englischen Thron, wogegen die protestantischen Kräfte Wilhelm von Oranien ins Land riefen, der James prompt vertrieb. Dieser flüchtete naheliegender Weise nach Irland, wo er sich nicht ohne Grund Unterstützung erhoffte. Doch das katholische Heer erlitt am 12. Juli 1690 am Fluss Boyne eine vernichtende Niederlage, die ebenfalls bis zum heutigen Tag in der irischen Politik nachwirkt. Die protestantischen Loyalisten nennen sich nach Wilhelm »Oranier« und zelebrieren ihren seinerzeitigen Triumph bis zum heutigen Tag an jedem 12. Juli, was von der katholischen Minderheit in Nordirland durchaus mit Recht als Provokation wahrgenommen wird. Nicht selten kommt es dabei zu gewalttätigen Auseinandersetzungen, was den seit 1998 ohnehin überaus volatilen Frieden in der Provinz jedes Mal aufs Neue gefährdet.

Sah der Beginn des 18. Jahrhunderts also den vermeintlich vollständigen Sieg der englisch-protestantischen Sache, so begannen ab Mitte des Jahrhunderts Ideen der Aufklärung und des politischen Fortschritts auch in Irland Fuß zu fassen. Denn auch die neue irische Oberschicht sah sich von London benachteiligt und wollte ihren Anteil am großen Kuchen. Dichter wie Swift, Goldsmith und Sheridan gaben ihnen Selbstbewusstsein, politische Essayisten wie Edmund Burke warnten England vor allzu großer Arroganz. Tatsächlich erschien es London alsbald sinnvoll, den Iren ein wenig Freiraum zu geben, um sich allfällige weitere Rebellionen zu ersparen. Und so erhielt Irland 1782 sein erstes eigenes Parlament seit den Tagen der Tudors.

Dieses war freilich von allem Anfang an eng in seinen Möglichkeiten beschränkt. Nicht nur, dass ausnahmslos protestantische Landbesitzer und Wirtschaftskapitäne überhaupt wählen und gewählte Abgeordnete werden durften, die Machtbefugnis der neuen Kammer reichte kaum über die Mauern des Gebäudes, in dem sie tagte, hinaus. Vor allem die fortwährende Unterdrückung devianter religiöser Bekenntnisse – es waren ja nicht nur die Katholiken, sondern auch die evangelischen Freikirchen wie die Presbyterianer, Methodisten oder Pietisten geächtet – stieß auf Empörung und Widerstand aufgeklärter Kreise. Der Rechtsanwalt Theobald Wolfe Tone strebte daher, wiewohl selbst Protestant, ein Irland an, in dem die Menschen ohne Ansicht von Religion oder politischer Ausrichtung friedlich zusammenleben durften, zu welchem Zweck er die Gesellschaft der »United Irishmen« gründete, die diese Ziele politisch durchsetzen sollte. Durch die Ereignisse in Amerika und Frankreich (die Revolutionen von 1776 und 1789) bekamen diese Ambitionen deutlichen Aufwind.

Als sich die beständige Benachteiligung der ärmeren Bevölkerungsschichten in einem spontanen Aufruhr entlud, sah Tone seine Chance gekommen. Er versicherte sich der Unterstützung des Direktoriums der Französischen Republik und segelte mit 1.000 Mann nach Irland, wo er aber im Oktober 1798 schon beim Anlegen seines Schiffes überwältigt wurde. Im Eiltempo brachten ihn die Engländer nach Dublin, wo man ihn zum Tod am Strang verurteilte. Als die Richter Tone eine Exekution durch ein Erschießungskommando verweigerten, schnitt er sich selbst die Kehle durch, womit auch die »United Irishmen« einen schnellen Tod starben.

London war ohnehin niemals glücklich mit der Idee eines eigenen Parlaments in Dublin gewesen, sodass der »Aufstand von 1798« ein willkommener Vorwand war, die Eigenständigkeit der Insel wieder zu beenden. Premierminister Pitt schickte einige Emissäre nach Irland, deren Aufgabe es war, die Mitglieder des Parlaments mit purer Bestechung dazu zu bringen, einen »Act of Union« zu beschließen. Henry Grattan, der Vorreiter der irischen Autonomie, gab später zu Protokoll, nur sieben jener 158 Mandatare, die für den politischen Zusammenschluss mit Britannien gestimmt hatten, seien nicht bestochen gewesen. Am Ergebnis änderte dieser Hintergrund nichts: mit dem 1. Januar 1801 war das »Vereinigte Königreich von Großbritannien und Irland« geschaffen, in dem Irland genauso als Provinz behandelt wurde wie Schottland und Wales.

Immerhin aber war vor der Auflösung des irischen Parlaments von diesem noch ein Gesetz beschlossen worden, wonach Katholiken einige Berufe ergreifen durften. Konkret stand ihnen nunmehr die Anwaltsprofession offen, da, so die Argumentation der Abgeordneten, Katholiken das Recht haben sollten, von ihresgleichen verteidigt zu werden. Einer der ersten, der von dieser Neuerung profitierte, war Daniel O'Connell, der sich bald zum politischen Advokaten der irisch-katholischen Sache aufschwingen sollte.

Die »katholische Emanzipation«, so sein Credo, müsse weitaus mehr umfassen, so sollte es den Anhängern der römischen Religion erlaubt sein, zu wählen und gewählt zu werden, da sie schließlich wie alle anderen auch Steuern zahlen mussten: »No taxation without representation« – dieser alte Slogan der amerikanischen Revolution wurde nun auch das Mantra der irischen Nationalisten, die durch zahlreiche Monstermeetings mit sechsstelligen Teilnehmerzahlen eindrucksvoll unter

Beweis stellten, dass mit ihnen zu rechnen war. Diese Machtdemonstration überzeugte Premier Wellington, dass es besser war, in diesem Punkt nachzugeben. Nach einer entsprechenden Gesetzesänderung konnten erstmals auch Katholiken für einen Sitz in Westminster kandidieren, und 1830 zogen 31 von ihnen ins britische Unterhaus ein.

Als O'Connell nun aber auch den »Act of Union« hinterfragte, überschritt er in den Augen der Zentralverwaltung eine rote Linie, und die Konflikte brachen in voller Härte wieder aus. Sie wurden jedoch alsbald von einem weitaus substanzielleren Problem überschattet: der Kartoffelfäule.

Tatsächlich war es die Knollenfrucht gewesen, welche die enorme Bevölkerungsvermehrung erst ermöglicht hatte. Die nahrhafte Pflanze erlaubte es, auch auf den extrem kleinen Grundstücken, die die Katholiken für die eigenen Zwecke verwenden durften, relativ große Familien zu ernähren. Dies führte dazu, dass im zweiten Drittel des 19. Jahrhunderts der Speisezettel der ärmeren Schichten praktisch ausnahmslos auf dieses eine Nahrungsmittel abstellte.

1842 trat jedoch in den USA ein schädlicher Pilz auf, der die Kartoffeln verfaulen ließ. Erschreckend rasch breitete sich die Krankheit nach Europa aus, wo sie in vielen Ländern katastrophale Folgen zeitigte, wobei aber Staaten wie Belgien, Frankreich oder auch die Gebiete Mitteleuropas durch Getreideanbau und Viehbestand weit weniger dramatisch betroffen waren wie Irland, dessen Bevölkerung keine Alternative zur Kartoffel besaß.

Verschärft wurde die Lage durch die manchesterliberale Haltung der britischen Regierung, die stur und vollkommen uneinsichtig davon ausging, dass »der Markt« alle Probleme regle, also auch dieses. Die übrigen landwirtschaftlichen Produkte Irlands wurden daher nicht der einheimischen Bevölkerung zur Verfügung gestellt, sondern, den Lieferverträgen gemäß, weiterhin nach England verbracht, was zur absurden Situation führte, dass Irland auch am Höhepunkt der großen Hungersnot Nettoexporteur von Lebensmitteln blieb, während gleichzeitig die Zahl der Hungertoten von Woche zu Woche stieg.

Und wer nicht Hungers starb, der suchte, so er die Möglichkeit dazu hatte, sein Heil in der Flucht. Knapp zwei Millionen Iren wanderten zwischen 1845 und 1855 nach Amerika und Australien aus oder landeten, mangels finanzieller Ressourcen, in den englischen Slums in Manchester, Liverpool oder London. Eine weitere Million ging in dem ökonomischen Desaster zu Grunde, sodass Irland insgesamt einen Bevölkerungsrückgang um beinahe 40 Prozent verzeichnete. Die Gleichgültigkeit, mit der die britische Regierung dieser horrenden Entwicklung gegenüberstand, verbitterte die – verbliebene – Bevölkerung zusätzlich. 1848 kam es zu einem neuerlichen Aufstandsversuch, doch scheiterte der nicht nur an der mangelnden Vorbereitung, sondern auch daran, dass das Volk viel zu erschöpft war, um sich überhaupt noch wehren zu können. Es sollten zwei Jahrzehnte vergehen, bis sich die Lage auf der grünen Insel wieder halbwegs stabilisiert hatte. Doch selbst dann blieb vielen Iren keine andere Option als die Emigration, was dazu führte, dass heute – je nach Berechnung – vier- bis fünfmal so viele Iren außerhalb des Heimatlandes leben als in Irland selbst. Um 1900 wies die Insel nur noch 4,4 Millionen Einwohner aus, mithin nur knapp die Hälfte jener Zahl, die man 60 Jahre zuvor gezählt hatte.

»Nebenbei« bedeutete »the great famine« auch das Ende des gälischen Irland. Hatten vor Beginn der Hungersnot noch rund vier Millionen – also etwa 50 Prozent der Bevölkerung – gälisch gesprochen, so sank, da die Todesopfer und die Emigranten in genau dieser Hälfte zu finden waren, der Anteil der gälisch-sprechenden Iren auf 27 Prozent ab. Dieser Abwärtstrend konnte auch durch die hartnäckigsten Bemühungen irischer Nationalisten nie mehr gestoppt werden. 1891 gaben beim Zensus nur noch 680.000 Personen an, sich des Gälischen zu bedienen, bei der ersten Volkszählung im Irischen Freistaat waren es 1926 nur noch knapp mehr als 500.000, und obwohl die Republik Irland die gälische Sprache mit allen Mitteln förderte – so konnte man bis 1975 nur in den begehrten Staatsdienst eintreten, wenn man erfolgreich eine Gälisch-Prüfung abgelegt hatte –, ergeben die aktuellen Daten einen Anteil von rund 3,5 Prozent der Gesamtbevölkerung – ca. 150.000 Personen –, die tatsächlich noch Gälisch beherrschen. Wahre Muttersprachler gibt es laut Zensus von 2016 noch 64.000, die im äußersten Westen Irlands, so auf den Aran-Inseln, in Donegal, Clare und Mayo, leben.

Viele derer, die um die Jahrhundertmitte in die Emigration gezwungen worden waren – aber auch deren Kinder –, vergaßen England seine Hartherzigkeit nicht und wurden zu hingebungsvollen Unterstützern irischer Nationalgedanken, wenn sie nicht überhaupt nach Irland zurückkehrten, um sich selbst in den irischen Freiheitskampf einzubringen. So bildete sich in den USA 1858/59 die »Fenian Brotherhood«, benannt nach der »Fianna«, der Heerschar des Sagenhelden Finn MacCool, auf die sich sieben Jahrzehnte später auch die Partei Eamon de Valeras beziehen sollte. Einer der bekanntesten Unterstützer war Thomas F. Meagher, der 1848 am damals gescheiterten Aufstand führend beteiligt und zu lebenslänglicher Verbannung nach Australien verurteilt worden war. Ihm gelang die Flucht in die USA, wo er zunächst mit aller Verve die irische Sache verfolgte, ehe er es auf der Seite der Nordstaaten zum Brigadegeneral und anschließend zum ersten Gouverneur des Bundesstaates Montana brachte.

Die amerikanischen Fenier fanden ihr Pendant in der »Irish Republican Brotherhood« (Irisch-Republikanische

Bruderschaft), deren Strukturen vieles von dem vorwegnahmen, was später die IRA auszeichnen sollte. Auch die IRB war in Einheiten organisiert, deren führende Köpfe gemeinsam eine Art »Army Council« (in der IRB »Supreme Council« genannt und aus elf Personen bestehend) bildeten. Wer der Bruderschaft beitreten wollte, musste einen Eid schwören, demzufolge er bereit war, sein Leben für eine »unabhängige demokratische Republik Irland« einzusetzen. Oberkommandierender wurde Thomas Kelly, der ebenfalls als Offizier bei den Nordstaaten der USA gedient hatte. Im Frühjahr 1867 unternahm die Bruderschaft einen Aufstandsversuch (»Fenian Rising«), der aber, wie jener des Jahres 1848, ziemlich rasch implodierte und nur deshalb der Erwähnung wert ist, weil die Anführer die »Unabhängige Republik Irland« proklamierten, womit sie zum Vorbild für den Osteraufstand 1916 werden sollten. Nach dem Scheitern der Rebellion wurde Kelly in Manchester aufgegriffen, doch konnte er von Sympathisanten – von denen deswegen drei gehängt werden sollten, die so zu den »Manchester Märtyrern« avancierten – befreit werden. Kelly flüchtete zurück in die USA und spielte in der Folge wie die meisten Fenier keine wesentliche Rolle mehr, obwohl der Ausdruck »Fenier« selbst in den täglichen politischen Sprachgebrauch überging und seitdem ein halbes Jahrhundert lang alle nationalistischen Strömungen auf der grünen Insel bezeichnete.

Die meisten Fenier wichen in der Folge in legale Organisationen aus, namentlich in die »Land Liga«, deren erklärtes Ziel es war, eine gerechte Aufteilung der Anbauflächen durchzusetzen (»Das Land denen, die es bebauen«), und die »Irish Parliamentary Party«, die vor allem unter Charles Stewart Parnell für eine weitgehende Autonomie Irlands innerhalb des Vereinten Königreichs eintrat. Ein Teil jedoch schwor der Gewalt nicht ab, so organisierte eine Splittergruppe um Jeremiah

O'Donovan Rossa, der 1869 für den Wahlkreis Tipperary ins britische Unterhaus gewählt und dessen ungeachtet von den Engländern verhaftet worden war, was ihn nachhaltig radikalisierte, noch bis 1887 Bombenattentate auf britische Einrichtungen (auch dies beispielgebend für die spätere »Provisional IRA«). Währenddessen zeichnete sich eine andere Kleingruppe 1882 durch die spektakulären »Phoenix Park Morde« aus, bei denen es ihnen gelang, den Chefsekretär der britischen Regierung für Irland und den zuständigen Unterstaatssekretär während eines Spaziergangs im Phoenix-Park in Dublin zu ermorden.

Aktionen wie diese hielten zwar die Öffentlichkeit in Atem, politische Erfolge zeitigten sie jedoch nicht. Vermeintlich mehr Eindruck machte die Arbeit der »Irish Parliamentary Party«, die bis 1882 unter dem Namen »Home Rule Party« (nach der zentralen Forderung eines Autonomiestatus für Irland) agierte. Diese hatte schon 1880 bei den Unterhauswahlen 63 der 103 irischen Sitze erobert und agierte, seit Parnell ihre Führung übernommen hatte, überaus professionell. Als erste politische Gruppierung ging die IPP den Weg einer straffen Organisierung mit einer eindeutig festgelegten politischen Linie, der alle ihre Mitglieder folgten. Damit unterschied sich die IPP wesentlich von den Whigs und den Tories, die mehr informelle Zusammenschlüsse waren, sodass sich die jeweiligen Parteiführer durchaus nicht immer der Zustimmung ihrer Parteifreunde gewiss sein konnten. Das Konzept der IPP hingegen entsprach jenem, das nur wenig später von den großen Volksparteien wie den Christ- oder Sozialdemokraten zur politischen Praxis erhoben werden sollte. Diese Taktik trug schon beim nächsten Urnengang Früchte, als die IPP ihren Mandatsstand auf 86 erhöhen konnte, womit sie zum Zünglein an der Waage zwischen den Liberalen Gladstones und den Konservativen avancierten.

Parnells Strategie schien also aufgegangen zu sein. Recht rasch einigte er sich mit Gladstone auf eine Unterstützung der liberalen Regierung, die im Gegenzug Irland »Home Rule« gewähren würde. Allerdings – dies eine direkte Folge der »Klubatmosphäre« in der liberalen Partei – versagten Gladstone derart viele Abgeordnete die Gefolgschaft, dass im Sommer 1886 Neuwahlen ausgeschrieben werden mussten, die den Konservativen die absolute Mehrheit brachten. Parnell hatte sich verspekuliert.

Noch vor dem nächsten Urnengang stürzte Parnell über eine amouröse Affäre. Der gehörnte Ehemann beantragte die Scheidung und gab im Februar 1890 Parnell als den Ehebrecher an. Im bigott-katholischen Irland hatte dieser Umstand eine ähnlich fatale Wirkung wie einige Jahre später die enthüllte Homosexualität Oscar Wildes. Eben noch Liebling der Gesellschaft wurden beide gnadenlos ausgestoßen. Parnell blieb nichts als die Flucht, Ende 1891 starb er, eine zutiefst verunsicherte Partei zurücklassend. Das (vorläufige) Ende der »Home Rule«-Bewegung hatte einen neuerlichen Wandel in der irischen Politik zur Folge, der direkt zu jenen Ereignissen führen sollte, die 1916 den Beginn der Unabhängigkeit des katholischen Irland einläuteten.

2. Auf dem Weg zur Unabhängigkeit (1900-1916)

Das neue Jahrhundert begann für die nationale Sache der Iren nicht gerade verheißungsvoll. Die IPP stellte zwar ungebrochen das Gros der irischen Abgeordneten im englischen Unterhaus, aber sie war zur politischen Ohnmacht verdammt, da ihr London keinen Millimeter entgegenkam. Unzufrieden mit dieser Lage wandten sich einige, vor allem eher jüngere, Intellektuelle von ihr ab und gründeten im November 1905 eine neue Partei, die sie »Sinn Fein« (»Wir selbst«) nannten. Ziel sollte nicht länger nur ein unabhängiges, sondern ein gälisches Irland sein, im Einklang mit den alten keltischen Traditionen.

Diese durchaus romantisierenden Vorstellungen der alten gälischen Clangesellschaft erlebten seit geraumer Zeit einen nennenswerten Aufschwung. Bereits 1884 hatten einige Enthusiasten die »Gaelic Athletic Association« (GAA) gegründet, die sich der Wiederbelebung der alten irischen Sportarten verschrieb, oder, wie es im vollen Titel der Organisation hieß, »dem Erhalt und der Kultivierung des nationalen Erbes«. Den »englischen« Sportarten Fußball und Rugby wurden dabei »alte« gälische Traditionen wie Hurling und Gaelic Football entgegengestellt, die sich in der irisch-katholischen Jugend schnell großer Beliebtheit erfreuten. Gaelic Football wurde erstmals in den Statuten von Galway 1527 erwähnt, Hurling bereits im Sagenkreis um Cuchulainn beschrieben – und im 12. Jahrhundert von den Normannen verboten. Die GAA arbeitete rasch mit der wenig später ins Leben gerufenen Gaelic League zusammen, die sich dem Erhalt und der Verbreitung des Irischen verschrieb. Die Liebe zur gälischen Sprache ging dabei so weit, dass die Texte in eigenen irischen Lettern gedruckt wurden, die man aus lateinischen Majuskeln abgeleitet hatte. Auch darin trachteten sich also die »wahren Iren« von den »Sachsen« zu unterscheiden.

Doch dieses quasi unschuldig-rurale, dieses idyllisch-bukolische Irland war, so es überhaupt je existiert hatte, längst versunken. Die Äcker konnten immer weniger Menschen ernähren, die Lebensbedingungen derer in der Gaeltacht im Westen der Insel spotteten realiter jeder Beschreibung. Das

Torfstechen und der Fischfang in winzig kleinen Booten (Currachs bzw. Coracles genannt) konnte nur einem weltfremden Gälischstudenten im University College Dublin (UCD) erstrebenswert erscheinen. Der Emigrationsstrom hielt unvermindert an, und wer es sich nicht leisten konnte, in die USA auszuwandern, der landete in den englischen Industriestädten oder zumindest in Dublin bzw. Belfast, wo, mit beachtlicher zeitlicher Verspätung, erste Schritte hin zu einer Industrialisierung gemacht wurden. Die Londoner Zentralregierung baute vor allem Belfast zu einem maritimen Zentrum aus – nicht zuletzt sollte dort die berüchtigte »Titanic« gebaut werden –, wo es neben einem großen Warenumschlagplatz auch Werften, Docks und Schiffbau-Unternehmen gab. Zudem wurde die Insel mit einem Eisenbahnnetz versehen, das jedoch von Anfang an den gravierenden Nachteil hatte, dass es sternförmig von Dublin weggebaut wurde. Wer also von Sligo nach Galway wollte, der musste zunächst nach Dublin fahren, von wo aus er dann in den Westen zurückkehren konnte, ein Problem, das bis zum heutigen Tag nicht wirklich gelöst ist.

Die rurale Struktur Irlands hatte maßgeblich dazu beigetragen, dass sich lange kein Industrieproletariat herausbilden konnte. Dies begann sich nun langsam zu wandeln. Nicht länger war Irland ausnahmslos durch eine agrarische Gesellschaft geprägt, in der lediglich im Transportwesen Lohnarbeiter beschäftigt wurden und in der, wer nicht auf eigenem Grund und Boden seine Existenz sichern konnte, sein Heil in der Emigration suchte. Dennoch gab es mit Dublin nur eine einzige Großstadt und mit Belfast eine Stadt mittlerer Größe, sonst war die Insel weiterhin durch eine dörfliche Struktur mit wenigen Klein- und Kleinststädten geprägt.

Dementsprechend schwer hatten es sozialistische Ideen auf der grünen Insel. Während England, Schottland und Wales schon lange über machtvolle Vereinigungen innerhalb der Arbeiterschaft verfügten, führten am Ende des 19. Jahrhunderts bestenfalls ein paar feinsinnige Intellektuelle in Dubliner Hinterzimmern Diskussionen über die Lehren von Marx, Engels oder anderen Theoretikern. Ein »sozialistischer Klub« kam mit seinen Debatten nicht wirklich weiter und lud daher den im schottischen Edinburgh als wortgewaltiger Redner und Pamphletist bekannten James Connolly, der aus einer der zahllosen irischen Emigrantenfamilien stammte, ein, in Irland – im Wortsinn – Partei zu ergreifen. Connolly tat sich mit James »Red Jim« Larkin zusammen, dessen irische Eltern nach Liverpool ausgewandert waren, wo Larkin seine ersten politischen Sporen als Gewerkschafter verdient hatte. 1896 gründeten sie die »Irish Socialist Republican Party« (ISRP), von der Kritiker nicht zu Unrecht meinten, sie habe weniger Mitglieder als der Parteiname Silben.

Es war also ein harsches Terrain, auf dem die beiden versuchten, die Ideen der Emanzipation des Proletariats zu verbreiten. Die knapp 500 eingeschriebenen Parteigänger – von denen kaum ein Fünftel wirklich aktiv war – rekrutierten sich aus den Reihen der Dockarbeiter, verstärkt um einige Eisenbahner und wenige Arbeiter aus der Lebensmittelbranche. Nach wenigen Jahren mussten sich die Protagonisten der ISRP eingestehen, dass ihre Versuche, in den nächstgrößeren Städten wie Cork, Limerick oder Belfast ebenfalls Organisationen aufzubauen, gescheitert waren. Umso mehr Energie legte Connolly in das Parteiorgan »Worker's Republic«, das freilich oftmals nicht erscheinen konnte, weil sich die Druckereien Dublins weigerten, ein »gottloses Machwerk« zu produzieren, oder weil schlicht kein Geld in der Parteikasse war, einen doch willigen Drucker zu bezahlen. So blieb es schließlich den schottischen Genossen überlassen, das irische Zentralorgan zu drucken und nach Irland zu verschiffen, eine Art innerbritische Entwicklungshilfe sozusagen.

Und wie so oft, wenn der Erfolg ausbleibt, brachen innerhalb der ISRP auch noch interne Fraktionskämpfe aus, die schließlich dadurch »beendet« wurden, dass Connolly 1903 in die USA emigrierte und Larkin sich wieder der Gewerkschaftsarbeit in Nordengland widmete. Acht Jahre nach ihrer Gründung war die ISRP de facto tot.

Nach Connollys Rückkehr aus den USA kam allerdings wieder Schwung in die Sache der Arbeiterschaft. 1910 kam es praktisch zur Neugründung der Partei, diesmal unter dem Namen »Socialist Party of Ireland«, zwei Jahre später benannte man sich in »Labour Party« um. Doch abermals blieben die Erfolge überschaubar. Bei den Parlamentswahlen reichte es zu knapp 4.000 Stimmen landesweit.

Und doch erwiesen sich die Jahre zwischen 1911 und 1916 als entscheidend für die weitere Entwicklung der irischen Sozialdemokratie. Es zeigte sich, dass die Dinge auch in Irland allmählich im Fluss waren. Die neu gegründete Arbeiterzeitung »Irish Worker« erreichte rasch eine Auflage von 20.000 Stück, und mit ihrem entschlossenen Protest gegen den Besuch des britischen Monarchen in Irland erlangten die Sozialisten erstmals auch die Aufmerksamkeit der irischen Nationalisten, die in der Arbeiterschaft einen möglichen Verbündeten orteten.

Die soziale Lage in Dublin und Belfast verschärfte sich zusehends und lieferte der Arbeiterbewegung so zusätzliche Munition. Als Larkin aus Liverpool zurückkehrte, notierte er: »Wenn die Dubliner so stolz auf ihre Stadt sind, warum sehen sie dann nicht nach den kleinen Kindern, die hungrig, schmutzig und ohne akzeptable Kleidung barfuß durch die heruntergekommenen Straßen laufen?« Tatsächlich begann nördlich des Flusses Liffey das pure Elend. In den dortigen

Slums lebten mittlerweile 87.000 Menschen – beinahe ein Drittel der gesamten Stadtbevölkerung – in 5.000 Zweiraum- und 5.000 Einraumwohnungen, von denen die Stadtverwaltung selbst 1.500 Wohnungen als unbewohnbar eingestuft und daher eigentlich gesperrt hatte. Die Latrinen befanden sich in den Innenhöfen und wiesen einen entsprechenden Zustand auf, Wasser musste überhaupt von anderswo herbeigeschafft werden, sodass Dublin die höchste Sterblichkeitsrate aller westeuropäischen Städte aufwies, wofür die hohe Säuglings- und Kindersterblichkeit ebenso verantwortlich zeichnete wie die weit verbreitete Tuberkulose. Kein Wunder also, dass es ob dieser sozialen Lage in der Arbeiterschaft brodelte.

Connolly und Larkin hielten daher den Zeitpunkt für gekommen, erstmals auch irlandweit einen Streik für bessere Bezahlung und Arbeitsbedingungen zu initiieren. Die Gelegenheit kam im Juli 1911, als auf der anderen Seite der britischen See die Matrosen, die Dock- und die Hafenarbeiter die Arbeit niederlegten. In Belfast und Dublin kam es zu Solidaritätsbekundungen, die rasch Fahrt aufnahmen. Plötzlich kämpften an der Seite der Docker auch die Feuerwehrmänner, die Fuhrleute, die Kohlearbeiter und die Eisenbahner. Die Unternehmerseite, erschreckt über die von ihnen gänzlich unerwartete Solidarität unter den Werktätigen, bot umgehend eine Lohnerhöhung von 20 Prozent und die Anerkennung des Gewerkschaftsverbandes als Interessensvertretung der Arbeiter und als offiziellen Verhandlungspartner an, was Connolly und Larkin gerne akzeptierten, da ihnen bewusst war, dass die Gewerkschaft einen längeren Streik nicht hätte finanzieren können.

Der Sieg bedeutete einen enormen Prestigegewinn, und erstmals wurde die Sozialdemokratie als politischer Faktor wahrgenommen. Die Unternehmer freilich vergaßen dem

Gegner diesen Triumph nicht und sannen auf Revanche. Als ersten Schritt suchte die englische Bourgeoisie den Schulterschluss mit den irischen Nationalisten. Was seit O'Connells und Parnells Tagen deren Hauptziel gewesen war, sollte nun 1912 endlich Wirklichkeit werden: Home Rule. Die Selbstverwaltung Irlands innerhalb des Königreichs. Auf diese Weise wollte man allfälligen Annäherungen von Irredentisten und Sozialisten von vornherein entgegenwirken. Würde man im Anschluss die ökonomischen Schrauben wieder anziehen, so das Kalkül, würden die Arbeiter ohne Unterstützung bleiben.

Larkin schenkte diesen Manövern jedoch keine Beachtung. Er wähnte die Bewegung im Aufwind und trachtete danach, die Anerkennung der Gewerkschaft auch bei jenen Unternehmen durchzusetzen, die sich dem Kompromiss von 1911 nicht angeschlossen hatten. Das betraf vor allem die Guinness-Brauerei und die Dublin United Tramway Company.

Vor allem die Arbeitsbedingungen bei der Dubliner Straßenbahn waren selbst für irische Verhältnisse skandalös. Arbeitstage von bis zu 17 Stunden, deutlich niedrigere Löhne als in anderen Städten, dazu empfindliche Strafzahlungen für vermeintliche Vergehen und eine generelle Bespitzelung machten die Arbeiter empfänglich für die Forderungen der Gewerkschaft. Am 15. August 1913 entließ das Management 40 Arbeiter, von denen es annahm, dass sie der Gewerkschaft beigetreten waren – gefolgt von weiteren 300 innerhalb der folgenden Woche. Am 26. August traten die Straßenbahn-Arbeiter offiziell in den Streik, worauf die Arbeitgeber der Stadt von ihren Arbeitern die Unterzeichnung einer Bestätigung verlangten, dass sie nicht der Gewerkschaft angehörten und nicht an Streiks teilnehmen würden.

Die daraus entstandene Auseinandersetzung, der »great lock-out«, war ohne Frage die schwerwiegendste in der Geschichte Irlands. Die Unternehmer verständigten sich darauf, die Streikenden auszusperren und karrten vor allem vom Land, aber auch aus England und Schottland Streikbrecher herbei, die anstatt der bisher Beschäftigten die Produktion und die Arbeit aufrechterhalten sollten.

Für die organisierten Arbeiter bedeutete dies von Anfang an eine finanziell existenzielle Bedrohung. Zwar spendeten englische und schottische Gewerkschaftsorganisationen namhafte Summen für den irischen Arbeitskampf, doch reichten die Gelder kaum für eine lange Auseinandersetzung. Die Idee, die Arbeiterkinder zur Erholung zu schottischen und englischen Arbeiterfamilien zu verschicken, wurde erfolgreich von der katholischen Kirche in Irland torpediert, die verhindern wollte, dass katholische Kinder in protestantische oder gar atheistische Haushalte kämen. Der hohe Klerus stellte sich entschieden auf die Seite der Unternehmer und warnte die Arbeiter, Larkin sei buchstäblich der Antichrist.

Noch bedrohlicher für die Arbeiter war freilich der Einsatz der Exekutive zugunsten der Arbeitgeber. Am 31. August 1913 schoss die Polizei in eine demonstrierende Menge und hinterließ mehrere Tote – der erste von mehreren »bloody sundays« in der irischen Geschichte. Wenig später erschoss ein Streikbrecher einen der Streikposten, worauf Connolly und Larkin die »Irish Citizen Army«, eine Art proletarische Selbstverteidigungstruppe, gründeten, die drei Jahre später beim »Easter Rising« eine nicht unwichtige Rolle spielen sollte.

Als besonderer Nachteil für die Sache der Gewerkschaft erwies sich das Faktum, dass die beiden auflagenstärksten Tageszeitungen – der »Irish Independent« und der »Evening Herald« – beide dem Chef der Dubliner Straßenbahngesellschaft gehörten und dementsprechend für die Sache der Arbeitgeber Propaganda machten. Solidaritätsbekundungen mit den Anliegen der Streikenden, etwa von Constance Markiewicz – die auch Suppenküchen und Ausspeisungen für die Streikenden organisierte – oder dem späteren Nobelpreisträger William Butler Yeats zeigten insgesamt weit weniger Wirkung.

Nach einem halben Jahr des Ausstandes zeigten die britischen Kollegen immer weniger Bereitschaft, den irischen Arbeitern weiter beizustehen. Diese waren nach monatelanger Auseinandersetzung ohne Einkommen dem Verhungern nahe und gaben schließlich trotz aller Durchhalteparolen von Larkin und Connolly auf. Sie unterwarfen sich dem Regime der Arbeitgeber und kehrten zu verschlechterten Bedingungen an ihre Arbeitsplätze zurück, wobei sie sich zuvor schriftlich verpflichten mussten, keiner Gewerkschaft oder gar einer sozialdemokratischen Partei anzugehören oder beizutreten.

Für die Arbeiterbewegung in Irland war die Niederlage des Jahres 1913 fatal, und es scheint nicht übertrieben zu sagen, dass sie sich nie mehr vollständig davon erholen sollte. Dass Larkin unmittelbar nach der Niederlage in die USA ging, bedeutete eine weitere Schwächung der Organisation, die noch zusätzlich in Konfusion gestürzt wurde, als Connolly begann, vermehrt das Thema »irischer Nationalismus« zu beackern, dies wohl in der Hoffnung, dass die irischen Nationalisten den Anliegen des Proletariats aufgeschlossener gegenüberstehen würden.

Tatsächlich radikalisierten sich die verbliebenen Reste der Irisch-Republikanischen Bruderschaft, die ab Ende 1913 unter der ideologischen Dominanz des Lehrers Patrick Pearse standen, dessen Programm durchaus auch zu einer sozialdemokratischen Organisation gepasst hätte: »Irland hat die Ressourcen, auch das Fünffache seiner gegenwärtigen Bevölkerung zu ernähren. Ein freies Irland müsste diese Ressourcen verfügbar machen. Es hätte das Marschland trockenzulegen, die Flüsse einzuhegen, die Eisenbahnen und die Schifffahrt zu verstaatlichen, die Ackerbaumethoden zu effektivieren, den Fischfang zu schützen, die Industrie auszubauen. Es müsste den aufgeblähten Staatsapparat reduzieren auf die wirklich wesentlichen Bereiche, die Städte von ihren Slums befreien und das Volk zu wahrhafter Bildung erziehen.« Wenig verwunderlich, dass Connolly in Pearse einen Verbündeten sah. Als wenig später der Erste Weltkrieg ausbrach, ließ Connolly auf dem Hauptquartier seiner Partei ein Spruchband anbringen: »We serve neither King nor Kaiser but Ireland« (Wir dienen weder dem König noch dem Kaiser, nur Irland). Davon konnten sich jetzt wiederum die Nationalisten um Pearse angesprochen fühlen, die sich zudem von der militärischen Erfahrung der Mitglieder der »Citizen Army« beeindruckt zeigten.

Dem irischen Establishment war die Entwicklung hin zu radikaleren Lösungen naturgemäß nicht entgangen, und so erhöhte die IPP den Druck auf London mit dem Hinweis, dass man in Britannien sonst mit wesentlich gefährlicheren Gegnern würde umgehen müssen. Dabei kam der IPP entgegen, dass nach den Wahlen im Dezember 1910 die liberale Regierung Asquith von den Stimmen der IPP abhängig war. Am 11. April 1912 brachte Asquith einen Gesetzesantrag ein, wonach Irland weitgehende Selbstverwaltung erhalten sollte: ein eigenes Parlament bei gleichzeitiger Auflösung der britischen Verwaltung in Dublin. Die Vorlage wurde mit einer Mehrheit von zehn Stimmen angenommen, vom Oberhaus jedoch verworfen. Asquith brachte 1913 den Entwurf ein weiteres Mal ein und wurde erneut vom Oberhaus blockiert. Allerdings war es den Liberalen gelungen, in einem eigenen Gesetz die Veto-Rechte des Oberhauses zu beschneiden. Ein vom Oberhaus beeinspruchtes Gesetz konnte demnach auch ohne dessen Billigung mit einer zeitlichen Verzögerung von zwei Jahren in Kraft treten. Die IPP beeilte sich, den Iren die frohe Botschaft zu verkünden. 1914 würde Irland endlich die Autonomie haben, gleichgültig, wie die Lords sich verhalten würden. Letztere sahen die Dinge ähnlich und gaben ihren Widerstand schließlich auf. Am 23. Juni 1914 erwuchs der »Home Rule« Gesetzeskraft.

Während die nordirischen Protestanten mit den Zähnen knirschten, heftigen Widerstand gegen die »Rome Rule« ankündigend, und die gemäßigten katholischen Nationalisten noch jubelten, wurde im fernen Sarajewo der österreichische Thronfolger erschossen. Binnen weniger Wochen befand sich ein ganzer Kontinent im Krieg, und den Iren wurde von London beschieden, dass man die ganze Sache mit der Selbstverwaltung auf die Zeit nach diesem Waffengang verschiebe. Zuvor gelte es, hieß es aus der Downing Street, einen Krieg zu gewinnen.

Für die radikalen Katholiken um die Sinn Fein, die Bruderschaft und deren militärischen Arm, die »Irish Volunteers«, kam diese Entwicklung nicht überraschend. Man habe den »Sachsen« ohnehin nie trauen können, lautete ihre Schlussfolgerung. Die IPP aber sah sich von London brüskiert und erging sich in dumpfem Groll.

IRB und Volunteers hingegen erkannten in dieser Entwicklung ihre Chance. »England's difficulty is Irelands opportunity« (Englands Schwierigkeit ist Irlands Gelegenheit) lautete das Motto. Bereits im September 1914 trafen sich die führenden Vertreter von Bruderschaft und Volunteers und beschlossen einen bewaffneten Aufstand, den sie mit Hilfe der Deutschen ins Werk zu setzen trachteten. Ihr Kalkül lautete dabei, dass die deutsche Heeresleitung ein gerüttelt Maß an Interesse daran haben musste, dass Englands »Hinterland« in Aufruhr geriet, weil dies die englische Armee schwächen würde. Im November 1914 begab sich ein Vertreter der irischen Sache nach Deutschland, wo er tatsächlich mit der Heeresleitung in Kontakt kam und den irischen Aufstandsplan darlegte. Gemäß diesem würden die Iren Dublin im Handstreich nehmen, während zeitgleich eine deutsche Expeditionstruppe im Westen Irlands anlanden und die Insel von dort aus aufrollen sollte. Die Deutschen wollten zwar keine eigenen Einheiten für das Unternehmen riskieren, erklärten sich aber bereit, den Aufständischen Waffen und Munition zukommen zu lassen.

Als wenig später der alte Fenier Jeremiah O'Donovan Rossa starb und in Dublin zu Grabe getragen wurde, hielt Pearse eine flammende Rede: »Sie [Die Engländer] glauben, sie haben Irland befriedet. Sie glauben, sie haben die eine Hälfte von uns gekauft und die andere Hälfte eingeschüchtert. Sie glauben, sie haben alles vorausgesehen und sich für alles gewappnet. Aber diese Narren, diese Narren, diese Narren! Sie haben uns unsere Toten gelassen, und solange Irland diese Gräber birgt, wird ein unfreies Irland niemals friedvoll sein.«

Die Vorbereitungen für den Aufstand waren bereits ziemlich weit fortgeschritten, als ruchbar wurde, dass Connolly mit seiner Citizen Army ebenfalls eine Erhebung plante. Eilig wurde Pearse ausgeschickt, um Connolly in die Pläne der Volunteers einzuweihen. Beide Seiten einigten sich darauf, zu Ostern 1916 losschlagen zu wollen.

Getarnt wurde die Rebellion als »Parade der Volunteers«, zu welchem Zweck die Einheiten sich am Ostersonntag an bestimmten Punkten einfinden sollten. Am 9. April 1916 verließ das deutsche Dampfschiff »Libau«, getarnt als norwegischer Handelsfrachter »Aud«, Deutschland mit 20.000 Gewehren und einer Million Schuss Munition an Bord. Inzwischen versuchten die Verschwörer die moderaten Kräfte auf ihre Seite zu ziehen, denen sie Dokumente der englischen Seite präsentierten, wonach London plane, alle prominenten Katholiken

– also auch Funktionäre der Gaelic League, der GAA und anderer rein kulturellen Zwecken dienenden Organisationen – in »Schutzhaft« zu nehmen, was, auch wenn London umgehend eine solche Order leugnete, plausibel klang.

Am Gründonnerstag tauchte die »Aud« vor der Küste Kerrys auf, wurde jedoch, noch ehe auch nur ein einziges Gewehr an Land geschafft werden konnte, von der englischen Marine aufgebracht. Als der Oberkommandierende der Volunteers davon erfuhr, widerrief er seine Order an die Volunteers und sagte den Aufstand quasi ab. Pearse und Connolly leisteten diesem Befehl jedoch keine Folge. Das »Rising« sollte wie geplant vonstattengehen. Allerdings führte dieser Zwist in der Führung dazu, dass sich weit weniger Aufständische an den Treffpunkten einfanden als von den Rebellen erhofft.

Am Ostermontag verfügte die »provisorische Regierung der Irischen Republik«, wie sich Pearse, Connolly und die anderen Signatoren der zeitgleich herausgegebenen Unabhängigkeitserklärung nannten, über tausend bis tausendfünfhundert Mann (unter denen sich übrigens nicht wenige Frauen, die von Constance Markiewicz angeführt wurden, befanden). Diese besetzten strategische Punkte im Dubliner Stadtzentrum. Vor dem Hauptpostamt verlas Pearse die Proklamation der Unabhängigkeit Irlands, die zugleich massenweise als Plakate affichiert wurde. Andere Einheiten besetzten das zentrale Gerichtsgebäude Dublins (»The four Courts«), das Dubliner Rathaus, Stephen's Green, aber auch diverse Fabriken und Infrastruktureinrichtungen, um die Versorgung der Aufständischen gewährleisten zu können. Auf den Straßen errichteten sie Barrikaden, um es der englischen Armee zu verunmöglichen, gegen die Rebellen vorzurücken. Zudem unterbrachen sie die Telefon- und Telegraphenleitungen. Auch gelang es, jenes Fort einzunehmen, in dem die Briten ihre Munition lagerten. Die Aufständischen nahmen mit, was sie tragen konnten und jagten das Gebäude dann in die Luft. Dabei gab es den ersten Toten der Rebellion, als ein Brite, der die Garnison warnen wollte, erschossen wurde.

Allerdings gelang es nicht, das eigentliche Herz der britischen Herrschaft, Dublin Castle, einzunehmen. Nach einem heftigen Feuergefecht, bei dem der Anführer der dortigen Rebellen erschossen wurde, beschränkten sich die Nationalisten darauf, das Schloss zu belagern. Mit wenig Erfolg. Die Briten konnten Nachschub herbeischaffen und mit diesem nicht nur das Schloss entsetzen, sondern auch gleich das benachbarte Rathaus wieder einnehmen. Bereits am Beginn des zweiten Tages der Erhebung zeichnete sich ab, dass die Rebellen auf verlorenem Posten standen.

Diese hatten nämlich vergessen, die Häfen einzunehmen, was es den Briten ermöglichte, innert zweier Tage nicht weniger als 16.000 zusätzliche Soldaten nach Dublin zu holen. Überdies war von britischer Seite umgehend das Kriegsrecht verhängt worden, und der kommandierende General gab den Befehl, Artillerie auf die Dubliner Berge zu bringen, von wo aus das Zentrum ohne Rücksicht auf zivile Verluste beschossen werden sollte. Auch die herangebrachten Schlachtschiffe feuerten vom Hafen aus auf die Stadt, die bald an zahlreichen Stellen brannte. Der Literaturnobelpreisträger Samuel Beckett sollte später anmerken, die Flammen wären so gewaltig gewesen, dass er sie von Foxrock, einem entfernten Vorort, aus habe sehen können.

Während die Briten also das Zentrum der Hauptstadt buchstäblich einäscherten, blieb es in den übrigen Landesteilen gespenstisch ruhig. Zwar hatten sich in Cork, Galway und anderen Orten jeweils einige hundert Volunteers versammelt, doch mangels konkreter Order gingen die meisten wieder nach Hause, ohne sich in irgendeiner Form an dem Aufstand zu beteiligen. Und als sich gegen Mitte der Woche abzeichnete, dass jeder weitere Widerstand nur die Zahl der Toten erhöhen würde, begannen die Einheiten der Volunteers sich zu ergeben. Am Samstag kapitulierte schließlich auch Pearse, die Kämpfe waren vorbei.

Insgesamt kamen in den fünf Tagen des Aufstandes knapp 500 Menschen ums Leben, die Hälfte davon unbeteiligte Zivilisten, davon nicht weniger als 40 Kinder. Knapp 3.000 Menschen wurden verwundet, hiervon sogar nahezu zwei Drittel Unbeteiligte. Das Stadtzentrum lag in Trümmern, zahllose Geschäfte, Fabriken und öffentliche Einrichtungen wiesen nur noch rauchende Grundmauern auf. Die Gegend rund um das Hauptpostamt wirkte wie Coventry nach dem Angriff der Luftwaffe anno 1940. Die Briten lasteten all das allein den Rebellen an, gegen die sie mit voller Härte vorzugehen gedachten. General Maxwell gab den Befehl, alle, die in der irischen Bewegung aktiv seien, auch wenn sie sich nicht an der Erhebung beteiligt hätten, zu verhaften. Bis zum 1. Mai wurden dreieinhalbtausend Personen festgenommen, und am folgenden Tag begannen Standrechtsprozesse gegen die Aufständischen. Im Eiltempo wurden Pearse, Connolly und mehrere Dutzend andere ohne das Recht auf Verteidigung in einer geheimen Verhandlung zum Tod verurteilt, was expressis verbis dem britischen Gesetz widersprach und den Tatbestand des Kriegsverbrechens erfüllte. Verschärft wurden diese Untaten nicht nur durch den Umstand, dass auch völlig Unbeteiligte bzw. Personen, die lediglich unterstützend gewirkt hatten (etwa als Sanitäter) die Todesstrafe erhielten, sondern zudem in den Straßen Dublins englische Soldaten nach eigener Willkür Leute aufgriffen und ermordeten, so etwa den Schriftsteller Francis Sheehy-Skeffington, der die Erhebung als Pazifist scharf verurteilt hatte. Wenig später erschossen die Briten auch einen Dubliner Stadtrat, den sie in Verdacht hatten, mit den Rebellen zu sympathisieren. Besonderes Aufsehen erregte ein Vorfall in der North King Street, wo britische Soldaten 15 Hausbewohner, die sie mit Rebellen verwechselten, mit dem Bajonett töteten, obwohl es nicht den geringsten Hinweis darauf gab, die dort Wohnenden hätten irgendetwas mit dem Aufstand zu tun gehabt. Erschwerend kam hinzu, dass diese Morde bereits nach der offiziellen Kapitulation erfolgten, sodass sie nicht einmal mehr als exzessive Kampfhandlung zu rechtfertigen waren.

Maxwell zeigte sich von all dem unbeeindruckt. Zwischen dem 3. und dem 12. Mai wurden 14 Personen hingerichtet, darunter auch der in den Kämpfen schwer verwundete James Connolly, der auf einem Stuhl zu seiner Exekution getragen werden musste. Nur in zwei Fällen wurde von der Todesstrafe abgesehen. Constance Markiewicz verschonte man, da sie eine Frau war, Eamon de Valera wurde nicht getötet, weil er formell amerikanischer Staatsbürger war und die Briten den bevorstehenden Eintritt der USA in den Weltkrieg nicht durch eine solche Tat gefährden wollten.

3.
Auf dem Weg zum Freistaat (1916-1923)

Die ungeheuerliche Grausamkeit, mit der die britische Soldateska gegen die Iren vorging, sorgte dafür, dass sich die öffentliche Meinung radikal drehte. War die überwältigende Mehrheit der Iren zu Beginn des Aufstands noch voll des Tadels über eine derartige Dummheit gewesen, so avancierten Pearse, Connolly und Genossen durch das englische Vorgehen zu Märtyrern für die irische Sache. Vergeblich hatten John Redmond, der Chef der IPP, und Edward Carson, sein Gegenüber in den Reihen der nordirischen Protestanten, Premierminister Asquith vor derartigen Gewaltexzessen gewarnt. Die Stimmung kippte, die Briten waren nun wirklich zu den »blutrünstigen Sachsen« geworden, als die sie von den Nationalisten angeprangert worden waren. Eine gemeinsame Zukunft in einem »Vereinten Königreich« schien nach den britischen Massakern ausgeschlossen. Als die Briten, völlig uneinsichtig, was die tatsächliche Stimmung in Irland anbelangte, 1917 die allgemeine Wehrpflicht in Irland einführen wollten, hatten sie den Bogen endgültig überspannt. Sah man von den Protestanten im nördlichen Ulster ab, gab es wohl niemanden auf der ganzen Insel mehr, der in England nicht den Feind der Iren sah.

Erstmals zeigte sich dieser Wandel bei einer Nachwahl in Clare. Sinn Fein nominierte den einzigen überlebenden Kommandanten des Aufstandes, Eamon de Valera, als ihren Kandidaten, der im Juli 1917 nahezu zwei Drittel der Stimmen im Wahlkreis erhielt. Dies war nur ein Vorgeschmack auf die reguläre Unterhauswahl 1918, wo Sinn Fein landesweit 47 Prozent einfuhr und 73 der 105 irischen Mandate eroberte. Die protestantischen Unionisten (die Irland weiterhin in einer protestantisch dominierten Union mit England sehen wollen) sicherten sich 23 der 26 nordirischen Mandate, wo zudem drei Kandidaten der Labour Party siegreich blieben. Die IPP, bis vor kurzem noch die Vertreterin der Iren schlechthin, musste sich mit sechs Sitzen begnügen. Vollkommener konnte eine Niederlage nicht sein.

Die Parlamentarier der Sinn Fein hatten freilich nicht vor, ihre Plätze in Westminister einzunehmen. Vielmehr trafen sie sich kurz nach dem Urnengang am 21. Januar 1919, um ein eigenes irisches Parlament, »Dail Eireann«, zu konstituieren. Allerdings erschienen zu dieser »Sitzung« nur 27 Mandatare. 42 Abgeordnete, darunter de Valera, waren von den Briten inhaftiert worden, vier weitere befanden sich auf der Flucht.

Das »Rumpfparlament« wählte Cathal Brugha zu seinem Präsidenten, der diese Wahl unter der Bedingung annahm, nur als Platzhalter für de Valera zu amtieren. Brugha hatte ab Herbst 1917 gemeinsam mit anderen Volunteers die »Irisch-Republikanische Armee« (IRA) geschaffen, deren Stabschef er war. Nach de Valeras erfolgreicher Flucht aus einem englischen Gefängnis und seiner Rückkehr nach Irland avancierte Brugha zum Verteidigungsminister der Rebellenregierung. In de Valeras Kabinett nahm auch Constance Markiewicz als Sozialministerin Platz, die Wochen zuvor als erste Frau in der britischen Geschichte zum Mitglied des Parlaments gewählt worden war.

Die Briten konnten diese Entwicklung, wenn sie nicht den allerletzten Rest ihrer Reputation verlieren wollten, nicht tatenlos hinnehmen, und so begann im April 1919 ein regelrechter Unabhängigkeitskrieg, der zweieinhalb Jahre währen sollte. Dabei verlegte sich die IRA auf eine Art Guerilla-Taktik, auf welche die Briten mit sich ständig steigernder Repression reagierten. Als sich abzeichnete, dass die im Land befindliche Exekutive der IRA nicht Herr werden würde, holte man Söldner aus dem Empire, die man notdürftig mit Uniformversatzstücken zu einer vermeintlich regulären Truppe stilisierte. Diese paramilitärischen »Black and Tans« zeichneten sich von allem Anfang an durch besondere Grausamkeit aus, auf welche die IRA mit ausgesuchter Kaltblütigkeit reagierte. So wurden etwa am 21. November 1920 in einer konzertierten Aktion nicht weniger als zwölf führende Vertreter der britischen Truppe in ihren Büros, in ihren Wohnungen oder in Gasthäusern, in denen sie eben ein Mahl einnahmen, erschossen. Allesamt waren sie höhere Offiziere der Streitkräfte, des britischen Geheimdienstes oder der britischen Militärgerichtsbarkeit gewesen. Die Gegenseite suchte umgehend Rache und nutzte das Finale der Gaelic-Football-Meisterschaft im Stadium Croke Park für ein Massaker. Eigens angekarrte Einheiten feuerten ziellos in die Zuschauermenge, die von der Aktion der IRA noch gar nichts wusste, und töteten zahlreiche Personen, etliche mehr zum Teil schwer verwundend. Auch ein Spieler wurde von den Briten ermordet. Möglicherweise noch abscheulicher war die Ermordung dreier Häftlinge, die sich im Gewahrsam der Briten befanden, von denen einer der Neffe des Erzbischofs war, was die Angelegenheit für die Briten zusätzlich auch noch peinlich machte.

Bis zum Sommer 1921 waren knapp 2.000 Personen durch die verschiedenen Gewalttaten getötet worden, und beide Seiten erkannten, dass die Auseinandersetzung nicht mit militärischen Mitteln gewonnen werden konnte. Der Ruf nach einer Verhandlungslösung wurde hüben wie drüben lauter, und so traf am 11. Oktober 1921 eine hochrangige IRA-Delegation in London ein, um über eine Vereinbarung zu verhandeln. Das Ergebnis, das die Emissäre erzielten, war gleichwohl unbefriedigend. Der zu unterzeichnende Vertrag sah eine Teilung der Insel in ein bei Britannien verbleibendes Nordirland und einen »Irischen Freistaat« vor, der »in Treue zu König Georg und seinen Nachfolgern« stehen sollte. Für Präsident de Valera die »pure Provokation«. Mangels Alternativen unterzeichnete die Delegation das Dokument dennoch.

In Dublin war die Aufregung groß. Für viele war der Abschluss des »Treaty« Verrat an der Sache, für die sie geblutet und ihre Freunde gestorben waren. Dementsprechend gingen die Wogen in der entscheidenden Dail-Sitzung vom 7. Januar 1922 hoch. Die Emissäre, namentlich Michael Collins und Arthur Griffith, warben für die Annahme des Vertrags als einen ersten Schritt in Richtung Souveränität, während de Valera, Markiewicz und Brugha das Dokument als einen Anschlag auf das irische Volk werteten. De Valera verkündete pathetisch, die irische Republik sei vom irischen Volk errichtet worden, also könne sie auch nur vom irischen Volk wieder abgeschafft werden. Dennoch fand sich eine Mehrheit von sieben Stimmen (64:57) für die Ratifizierung des Vertrages, was de Valera und die Seinen dazu veranlasste, ihre Ämter niederzulegen und aus dem Dail auszuziehen. Die verbliebene knappe Mehrheit wählte Griffith zum Nachfolger de Valeras, wobei Collins der starke Mann in der neuen Regierung wurde.

Noch war freilich das letzte Wort nicht gesprochen. Beide Fraktionen, so unversöhnlich sie sich mittlerweile gegenüberstanden, verständigten sich darauf, das Volk durch eine Neuwahl des Dail entscheiden zu lassen. Am 16. Juni 1922 schritten die Iren zu den Urnen. Dabei zeigte sich, dass es auch noch andere politische Kräfte als Sinn Fein im Lande gab. Die Labour Party, die 1918 auf eigene Kandidaten zugunsten von Sinn Fein verzichtet hatte, sah keinen Grund mehr, weiter abseits zu stehen, da keine der beiden Fraktionen den Anliegen der Arbeiterschaft sonderlich entgegengekommen war. Auch fühlten sich einige Bauern unzufrieden mit der ökonomischen Lage, sodass sie eine eigene Bauernpartei gründeten, die ebenfalls zu den Wahlen antrat.

Die Resultate spiegelten die Zerrissenheit der Nation gut wider. Die Gruppe um Griffith und Collins kam auf 39 Prozent, de Valeras Fraktion auf knapp 22 Prozent der Stimmen. Aufhorchen ließ Labour, die mit 21 Prozent nur rund 3.000 Wähler weniger als de Valera aufwies. Die Bauern vereinigten knapp acht Prozent der Stimmberechtigten hinter sich. Collins bildete mit Unterstützung einiger Unabhängiger ein neues Kabinett und wähnte sich auf der Siegerstraße. Mit aller Entschlossenheit wollte er nun gegen die ehemaligen Verbündeten vorgehen. Collins schreckte dabei nicht davor zurück, sich bei den abrückenden Briten Kanonen auszuborgen, mit denen er auf die Zentrale der Vertragsgegner schießen ließ. Wie schon 1916 wurde ein Teil der Dubliner Innenstadt, eben erst wieder mühevoll aufgebaut, in Grund und Boden gebombt. Die wichtigste Verkehrsader Dublins, die O'Connell-Street, wurde ebenso verwüstet wie das mondäne Gresham-Hotel und das Hauptgerichtsgebäude, die beide praktisch dem Erdboden gleichgemacht wurden. Wie schon sechs Jahre zuvor war es ein Kampf mit ungleichen Mitteln. Als sich der militärische Anführer der Vertragsgegner, Cathal Brugha, zu Jahresbeginn noch Verteidigungsminister und davor Parlamentspräsident, ergeben wollte, wurde er von Collins' Soldaten einfach erschossen. Andere führende Vertreter der Gruppe um de Valera wurden wie die Unabhängigkeitskriegshelden Erskine Childers (zu seiner Zeit ein bedeutender Romancier) oder Rory O'Connor hingerichtet. Diese und andere Greueltaten sollten die politische Gemengelage in Irland noch bis in die 70er Jahre des 20. Jahrhunderts prägen, zwei Parteien, die »Fine Gael«, entstanden aus den Befürwortern des Vertrags, und »Fianna Fail«, die inhaltlich kaum etwas trennte, die sich aber wegen dieser Vergangenheit unversöhnlich gegenüberstanden.

Am 12. August 1922 starb Arthur Griffith plötzlich und unerwartet eines natürlichen Todes, Collins griff nun nach der ganzen Macht und wurde faktisch zum Alleinherrscher über den Süden der grünen Insel. Doch nur zehn Tage später wurde Collins Opfer eines Hinterhalts. Die »Free-Stater«, wie die Vertragsbefürworter genannt wurden, hatten innert zweier Wochen beide Identifikationsfiguren verloren.

Doch auch de Valera musste erkennen, dass dieser Bürgerkrieg für seine Seite nicht zu gewinnen war. Dies umso mehr, als die Gegenseite mehr und mehr führende Vertreter der IRA in ihre Gewalt bekam. Als im April 1923 Brughas Nachfolger als Generalstabschef der IRA, Liam Lynch, von Freistaat-Truppen erschossen wurde, gab de Valera den Kampf verloren. Wenige Tage später verkündete die IRA einen Waffenstillstand, der Bürgerkrieg war de facto zu Ende. Die Seite des Freistaates hatte gesiegt, doch der Preis war hoch – für viele zu hoch.

Das zeigte sich schon bei den vorgezogenen Neuwahlen des Dail im August 1923. Während die Regierungspartei, die sich jetzt »Familie der Gälen« nannte, bei ihren 39 Prozent verblieb, votierten knapp 28 Prozent für Sinn Fein, das Original. Obwohl die FG weit von einer tragfähigen Mehrheit entfernt war, bildete sie eine Alleinregierung, die sich schnell überall unbeliebt machte.

Allerdings muss gesagt werden, dass auch ein wesentlich besser verankertes Kabinett angesichts der katastrophalen ökonomischen Lage gescheitert wäre. Angesichts des Kriegsendes entließ die Regierung das Gros ihrer 60.000 Soldaten, was die Betroffenen in wirtschaftliche Unsicherheit stieß. Krieg, Not und Elend hatten schon zuvor dazu geführt, dass 43 Prozent aller in Irland geborenen Personen, zwischenzeitlich ins Ausland emigriert waren. Von den 2,9 Millionen, die der Freistaat noch seine Bürger nannte, lebten 800.000 an oder unter der Armutsgrenze, die Kindersterblichkeit war auf 25 von 1.000 angestiegen, und die Arbeitslosigkeit erreichte selbst für irische Verhältnisse Rekordhöhen. Die Regierung scheiterte auf breiter Front und vermochte sich bald nur noch durch diktatorische Maßnahmen an der Macht zu halten. Vor allem Innenminister O'Higgins schreckte nicht vor Zensur, politischer Willkür und rigidem Einsatz von Polizei und Armee zurück, wobei er keine Gelegenheit ausließ, sich über die »Lyrik« der Sozialpolitiker lustig zu machen. O'Higgins, der persönlich für 77 Hinrichtungen von IRA-Aktivisten oder Personen, die mit der IRA in Verbindung gebracht worden waren, verantwortlich zeichnete, wurde von einem IRA-Kommando im Juli 1927 getötet und von der Öffentlichkeit recht wenig betrauert.

4.
Die Ära de Valera (1923-1966)

In der Zwischenzeit hatte de Valera nach einem Ausweg aus seiner politischen Lage gesucht. Die alte IRA, dessen war er sich bewusst, eignete sich nicht für einen konstitutionellen Kampf. Wollte er also wieder eine politische Rolle spielen, so brauchte er eine Partei, die es mit der Regierung aufnehmen konnte. Er erachtete es als nicht zielführend, nach dem Boykott der Sitze in Westminster nun auch jene in Dublin zu meiden (»Abstentionism«), worüber er sich mit den Diehards, den Hardlinern, in der IRA überwarf. Ende 1925 verließ de Valera mit zahlreichen Gesinnungsgenossen die alte Organisation und bereitete die Gründung einer neuen vor, die im Mai 1926 als »Fianna Fail« formal ins Leben gerufen wurde. Gleich beim ersten Wahlantritt der neuen Kraft blieb de Valera nur rund 15.000 Stimmen hinter der Regierung und verunmöglichte es dieser, weiter zu regieren. Allerdings fand auch de Valera keine ausreichende Mehrheit, sodass die Iren drei Monate später erneut zu den Urnen gerufen wurden. Diesmal war die Regierungsmehrheit groß genug, um sich in einer Koalition mit der Bauernpartei den Überhang einer einzigen Stimme (76:75) im Parlament zu sichern. Für de Valera stellte sich aber vor seinem (Wieder-)Eintritt in den Parlamentarismus ein delikates Problem: durch den »Treaty« waren alle irischen Mandatare dazu verpflichtet, dem englischen König Treue und Gefolgschaft zu schwören. Wollte er also im Dail mit seinen Gesinnungsgenossen Politik machen, musste er zuerst diesen gordischen Knoten für sich zerschlagen, denn seine Wählerschaft würde ihm einen solchen Kotau vor dem Erzfeind niemals verzeihen. De Valera löste die Sache auf seine Weise. Am vorgesehenen Pult angekommen, nahm er die dort für den Eid bereitliegende Bibel in die Hand, legte sie auf einen anderen Tisch und kritzelte dann seinen Namen in das Parlamentsregister. Im Anschluss erklärte er, jeder habe gesehen, dass er keinen Eid geleistet, vielmehr nur ein Anwesenheitsprotokoll unterfertigt habe. Die übrigen Abgeordneten der Fianna Fail inklusive Constance Markiewicz folgten seinem Beispiel.

Die Wahlen von 1927 waren auch insofern eine Besonderheit, als sie erstmals auch einen kommunistischen Kandidaten ins Parlament brachten. Niemand Geringeren als »Red« Jim Larkin, der mittlerweile Mitglied des Exekutivkomitees der Kommunistischen Internationale (EKKI) geworden war.

Für die Arbeiterbewegung waren die Jahre nach 1916 durchaus ebenfalls turbulent verlaufen. Im Gefolge des »Easter Rising« war die Labour Party desorientiert und führungslos zurückgeblieben. Der alte Gewerkschafter Thomas Johnson, der mit Connollys Politik und den Rebellen sympathisiert hatte, übernahm es, die am Boden liegende Bewegung wieder aufzurichten. Die Absicht der Briten, eine absolute Wehrpflicht in Irland einzuführen, bot der Partei einen willkommenen Anlass, sich wieder ins Gedächtnis der Massen zu rufen. Auch die internationalen Rahmenbedingungen sprachen für einen Aufschwung der Linken. Die Oktoberrevolution in Russland und die revolutionäre Situation in Mitteleuropa boten eine veritable Chance, auch in Irland die Emanzipation der Arbeiterklasse voranzutreiben.

Allerdings vergab die Labour Party diese Chance erst durch einen Verzicht auf politische Agitation zugunsten einer Unterstützung der Sinn Fein, dann zerbrach die Partei einerseits unter dem Streit um den »Treaty« und andererseits über der Frage nach Evolution oder Revolution. Zwischenzeitlich war nämlich Larkin aus Amerika nach Irland zurückgekehrt und vertrat eine entschlossene revolutionäre Ausrichtung, die er auch in der Partei mehrheitsfähig machen wollte. Schon 1921 hatte sich der linke Flügel der Partei unter Roddy Connolly, dem Sohn von James, und dem ehemaligen Sinn Fein-Kämpfer Sean McLoughlin abgespalten und die Kommunistische Partei Irlands gegründet, die sich um Aufnahme in die Komintern bewarb. Kurz nach der Parteigründung unternahm ein kleiner Trupp von Parteimitgliedern unter führender Beteiligung des später als Romancier zu Weltruhm gelangendem Liam O'Flaherty den Versuch, in Dublin durch eine Revolution eine »Irische Sowjetrepublik« zu etablieren, was von der Parteiführung als »kindisches Abenteurertum« verurteilt wurde. O'Flaherty trat daraufhin aus der Partei aus und wandte sich dem Schreiben zu. Die Partei selbst erzielte bei den Wahlen 1922, bei denen Labour 21 Prozent der Stimmen einfuhr, zwei Mandate, doch war dieser Erfolg dadurch stark relativiert, dass beide Kandidaten nicht als Kommunisten, sondern für Sinn Fein bzw. Labour angetreten waren. In Larkin sah die Komintern weitaus größere Chancen auf eine politische Offensive, weshalb sie der KPI befahl, sich als Partei aufzulösen und kollektiv der von Larkin im September 1923 gegründeten »Irish Worker League« beizutreten, die als neue irische Sektion der Komintern anerkannt wurde. Larkin reiste als Vertreter der IWL im Mai 1924 nach Moskau, wo er am dortigen V. Weltkongress der Internationale teilnahm und in das Exekutivkomitee gewählt wurde. 1927 trat Larkin mit einem klar kommunistischen Programm zu den Wahlen an und machte aus seiner Zustimmung zum Marxismus-Leninismus kein Hehl. Umso überraschender kam seine Wahl zum Abgeordneten, die nicht nur die mittlerweile stramm rechtssozialdemokratische Labour Party, sondern auch die nationalistischen Parteien entsetzte. Der neue Dail verweigerte Larkin die Bestätigung seiner Wahl zum Abgeordneten mit der Begründung, gegen ihn laufe ein Finanzstrafverfahren, wogegen er prompt Protest einlegte. Anfang 1928 wurde ihm sein Mandat jedoch vom Höchstgericht des Freistaats aberkannt, ohne dass er auch nur an einer einzigen Parlamentssitzung hatte teilnehmen können.

Larkin hatte zu seiner Verteidigung viele Ressourcen der Partei gebunden, was andere Führungspersönlichkeiten immer unzufriedener machte, da die Partei, so ihre Argumentation, mehr mit der »Person Larkin« als mit dem Klassenkampf beschäftigt sei. Dies führte schließlich zur Gründung der »Workers' Party«, die allerdings kaum Widerhall fand, sodass sich die meisten ihrer Mitglieder, nicht zuletzt aus Enttäuschung über die »Bolschewisierung« der kommunistischen Bewegung, wieder der Labour Party anschlossen. Auch Larkin begann, nachdem er 1928 noch einmal an Komintern-Sitzungen in Moskau teilgenommen hatte, sich mehr und mehr vom Bolschewismus zu entfernen, sodass die verbliebenen linken Kräfte die Notwendigkeit einer kommunistischen Neugründung sahen. Ein erster Versuch scheiterte 1931 daran, dass die Regierung des Freistaates jedwede kommunistische Partei verbot. Als jedoch 1932 de Valera die Regierung übernahm, konnte die Kommunistische Partei legal gegründet werden. Dennoch sollte es bis nach Ende des Zweiten Weltkriegs dauern, bis die Partei unter ihrem 1948 zum neu gewählten Generalsekretär Michael O'Riordan (der in dieser Funktion bis 1989 verbleiben sollte) erstmals bei Wahlen antrat. O'Riordan hatte sich in den Connolly-Brigaden im Spanischen Bürgerkrieg einen Namen gemacht, wo eine erkleckliche Zahl ehemaliger IRA-Kämpfer und Kommunisten im Rahmen der XV. Internationalen Brigade die Republik gegen den Faschismus verteidigten. Die 295 Stimmen, welche die Kommunisten bei den Wahlen 1951 erzielten, waren gleichwohl ernüchternd. Sie zeigten, dass drei Jahrzehnte nach den politischen Umbrüchen der Jahre 1916 bis 1923 das Land in einem ruralen Konservativismus erstarrt war. Als eineinhalb Jahrzehnte später wieder ein linker Wind zu wehen begann, stand die KP erneut abseits und kam nie aus ihrer völligen politischen Randlage heraus. Ihr bestes Wahlergebnis sollte sie 1987 mit 725 Stimmen – bei 1,8 Millionen abgegebener Voten – erzielen.

Auch die Labour Party befand sich Anfang der 30er Jahre in einem steten Niedergang. Bei den Wahlen des Jahres 1932 verlor sogar ihr Parteiführer sein Mandat, der daraufhin durch den erst 32-jährigen Bill Norton ersetzt wurde, der 28 Jahre an der Spitze der Partei stehen sollte. Der nutzte nun die Gelegenheit, endlich aktiv auf die Regierungspolitik Einfluss zu nehmen. Die Wähler hatten dem alten Kabinett dessen desaströse Wirtschafts- und Sozialpolitik nicht verziehen und de Valera einen fulminanten Sieg beschert. Diesem fehlten jedoch vier Mandate auf die absolute Mehrheit, und so kamen ihm die verbliebenen sieben Labour-Abgeordneten gerade recht. Mit deren Duldung bildete de Valera nur zehn Jahre nach seiner »dunkelsten Stunde« eine neue Regierung, die mit Sean O'Kelly, James Ryan, Sean MacEntee und Frank Aiken etliche Protagonisten des Osteraufstandes aufwies, weshalb sie nicht zuletzt deshalb auch die Unterstützung der IRA erfuhr. Diese war zwar bereits ziemlich marginalisiert, doch trug sie mit ihrem Ruf dazu bei, die abgewählte Regierung davon abzuhalten, die Macht eventuell mit diktatorischen Mitteln zu verteidigen. Dass die Machtübergabe schließlich demokratisch-parlamentarisch vonstattenging, empörte einige in den Reihen der »Freistaatler«, die sich daraufhin faschistischer Politik verschrieben. Deren neue Organisation, »Blauhemden« genannt, konnte zwar wenig Einfluss auf die irische Politik nehmen, sandte aber etliche Dutzend Mann nach Spanien, wo sie auf der Seite Francos gegen ihre eigenen Landsleute aus der IRA und der KP kämpften, die sich zur

Verteidigung der spanischen Republik den internationalen Brigaden angeschlossen hatten.

De Valera verspürte jedoch wenig Lust, sich und sein Kabinett in die Abhängigkeit linker Kräfte zu begeben. Er wartete einige Monate ab, um sein Standing in der Öffentlichkeit zu konsolidieren, und rief dann zur Überraschung seiner Bündnispartner Neuwahlen aus, die ihm im Januar 1933 nicht nur 49,7 Prozent der Stimmen, sondern mit 77 Sitzen auch eine absolute Mandatsmehrheit brachten. Nunmehr war er auf keinerlei Unterstützer mehr angewiesen.

De Valera demonstrierte rasch und deutlich, dass die Vorwürfe der Freistaatler, er sei eine Art irischer Stalin, völlig aus der Luft gegriffen waren. Er erwies dem hohen katholischen Klerus seine Reverenz und propagierte das Bild vom ruralen, auf die Familie als Keimzelle orientierten gälischen Irland mit strohgedeckten Bauernhäusern, in denen man sich abends am offenen Kamin keltische Sagen erzählte. Vor allem aber arbeitete er daran, sein Ziel von einem wahrhaft unabhängigen Irland, das keinerlei Verbindung mehr zu England hatte, zu verwirklichen. Dazu galt es, die Konstruktion des »Freistaates«, der ja formal immer noch dem englischen König unterstand, ebenso zu überwinden wie die – für de Valera – unnatürliche Teilung der Insel. Ganz im Sinne der damaligen Zeit sah de Valera die Zukunft seines Landes in einer Rückkehr zur vorindustriellen Zeit, in der seiner Ansicht nach noch Harmonie und klare moralische Werte geherrscht hätten. Sinnfällig wurde diese Haltung in der später beschlossenen Verfassung, wonach etwa Frauen die ökonomische Notwendigkeit, selbst arbeiten gehen zu müssen, erspart werden müsse, dass die Ehe unauflöslich zu bleiben habe und eine Abtreibung in keinem Fall erlaubt sein dürfe.

Vielleicht auch in Reaktion auf diese deutlich konservative Ausrichtung der Regierung de Valera ging die IRA einen weiteren Schritt nach links. Unter Peadar O'Donnell und dem späteren IRA-Generalstabschef Sean MacBride, Sohn eines der hingerichteten Anführer des Osteraufstandes, definierte sich die IRA nunmehr als eine »unabhängige revolutionäre Avantgarde der Arbeiterklasse und der werktätigen Bauern zur Beseitigung des britischen Imperialismus und des irischen Kapitalismus«, die eintrat »für die Vergesellschaftung der Produktionsmittel und die Übergabe des Landes an jene, die es bebauen«. Mithin positionierte sich die IRA mit diesem Programm bolschewistischer als Larkins Komintern-Sektion. Allerdings stieß diese Ausrichtung nicht auf die ungeteilte Zustimmung des IRA-Aktivs, was schließlich zu einer weiteren Spaltung führen sollte. Während O'Donnell erst als Interbrigadist nach Spanien ging, um sich nach dem Zweiten Weltkrieg einen Namen als Schriftsteller zu machen, gründete MacBride zunächst eine eigene Partei, die eine zentrale Rolle in den 50er Jahren spielen sollte, ehe er an der Wiege von »Amnesty International« stand und 1974 den Friedensnobelpreis erhielt.

De Valera ging derweilen daran, das Land nach seinen romantischen Vorstellungen umzuformen. Und er trachtete, dies mittels einer neuen Verfassung ins Werk zu setzen. Als diese gegen Ende der Legislaturperiode 1937 beschlossen wurde, hatte er das Erscheinungsbild Südirlands tatsächlich grundlegend gewandelt. Zunächst bekam der Staat einen neuen Namen: Eire, das gälische Wort für Irland. De Valera nannte »Eire« bewusst nicht eine Republik, weil, wie es auch in dem Dokument festgeschrieben wurde, dafür zuerst die Vereinigung aller 32 Counties vonnöten sei. Der Eid gegenüber der englischen Krone wurde ebenso abgeschafft wie das Amt des königlichen Gouverneurs, an dessen Stelle ein Staatspräsident trat. Zum ersten Oberhaupt von »Eire« wurde Douglas Hyde gewählt, der viereinhalb Jahrzehnte zuvor die Gaelic League begründet hatte. Aus de Valeras Posten wurde nun der »Taoiseach«, wörtlich Häuptling, der dem gälischen Gemeinwesen vorstehen sollte. Schließlich legte die Verfassung auch noch fest, dass der Katholizismus Staatsreligion sein solle, was die linken und fortschrittlichen Kräfte besonders empörte. Doch de Valera wusste in dieser Frage die überwiegende Mehrheit seiner Landsleute hinter sich. 1934 hatten sich 93 Prozent aller Iren zu ihrem Katholikentum bekannt, während nur drei Prozent angegeben hatten, protestantischen Glaubens zu sein. Dass die Briten diese De-facto-Aufkündigung der Untertänigkeit Irlands reaktionslos zur Kenntnis nahmen und sogar noch der Forderung de Valeras entsprachen, die bis zu diesem Zeitpunkt noch vorhandenen englischen Militärbasen aufzugeben, machte de Valera in den Augen der Iren noch populärer. Mit breiter Brust ging er dementsprechend in die turnusgemäß nötigen Wahlen im Juli 1937. Trotz leichter Verluste verteidigte er die absolute Mehrheit, die er vielleicht auch deshalb erhielt, weil die Spannungen in Europa seit seinem Amtsantritt 1932 dramatisch zugenommen hatten. Tatsächlich begann nur wenig später der Zweite Weltkrieg, und de Valera war wild entschlossen, sein Land aus diesem Konflikt herauszuhalten. Wie Schweden und die Schweiz steuerte Eire einen strikten Neutralitätskurs, was Englands Kriegspremier Churchill nachhaltig erboste.

Aber auch die Iren schienen zu einem Teil nicht davon überzeugt zu sein, dass man den Nazis gegenüber neutral sein könne. Als de Valera mitten im Krieg 1943 Neuwahlen abhielt, verlor er erstmals seit 10 Jahren seine absolute Mehrheit und war in der Folge auf die Duldung von Labour und der Bauernpartei angewiesen. Tatsächlich bedeutete die Haltung der irischen Regierung alsbald nennenswerte Engpässe bei Nahrungsmitteln, Treibstoff und Industriegütern, und wie die kriegführenden Nationen auch musste die Regierung

Rationierungen anordnen, was vor allem de Valeras späterer Nachfolger Sean Lemass zu spüren bekam, der in jenen Tagen als Minister für Ernährung und Versorgung amtierte und im Volksmund als »Minister for Shortages« (Minister für Engpässe) veralbert und »Sean Half Ounce Lemass« (Sean, die halbe Unze, nach dem Gewicht, mit dem die rationierten Lebensmittel bemessen wurden) gerufen wurde. Allerdings hatte de Valera auch eine plausible Ausrede, weshalb der von ihm so wortreich beschworene Wiederaufstieg Irlands zu alter gälischer Größe (was immer das auch bedeuten mochte) vorerst aufgeschoben werden musste. Nach Kriegsende freilich fiel ihm diese Strategie regelrecht auf den Kopf. Die Menschen waren des Wartens und Vertröstens müde und wollten Resultate sehen. Zu Recht wies die Opposition darauf hin, dass Irland immer noch ein Auswanderungsland war, dass es keine drei Millionen Einwohner zählte, die noch dazu in prekären ökonomischen Verhältnissen lebten. England hingegen erlebte durch den erforderlichen Wiederaufbau einen wirtschaftlichen Boom, der viele Iren anzog, während ein anderer Teil weiterhin in die Staaten oder nach Kanada emigrierte. Irland lief buchstäblich Gefahr, demographisch auszubluten. Dass de Valera auch weiterhin auf die brennenden sozialen Fragen kein Augenmerk legte, veranlasste fortschrittlich denkende Republikaner, eine Alternative aufzubauen, die darauf abzielen sollte, der ökonomisch und politisch desillusionierten Jugend eine neue Perspektive zu bieten. Ergebnis dieser Bemühungen war die Gründung einer neuen Partei, »Clann na Poblachta« (Clan der Republik), die bei ihrer Konstituierung 1947 Sean MacBride zu ihrem Vorsitzenden wählte. Die Partei verschrieb sich einem klassischen sozialdemokratischen Wohlfahrtsstaat mit einem hohen Anteil verstaatlichter Wirtschaft (Banken, Infrastruktur, öffentlicher Verkehr, Schwerindustrie …) und einer aktiven Sozialpolitik, die mit moderner Erziehung und zeitgemäßer Gesundheitsvorsorge einhergehen sollte. Hinzu kam freilich weiterhin das republikanische Argumentationsarsenal, stammte doch das Gros der Parteimitglieder aus der IRA bzw. Sinn Fein. Schon kurze Zeit später bot sich die Gelegenheit, die neue Partei am Wahlzettel aufscheinen zu lassen. Bei zwei Nachwahlen im Oktober 1947 setzten sich MacBride und ein Parteifreund klar gegen de Valeras Kandidaten durch.

Dass der Wind nach längerer Zeit wieder von links kam – dabei durchaus einem europäischen Trend folgend –, zeigte sich bei den Dailwahlen im Februar 1948. Obwohl die Gesamtzahl der Sitze auf 147 (zuvor 138) erhöht worden war, verlor de Valera acht Mandate gegenüber der Wahl zuvor, während Labour um sieben Sitze zulegte und Clann na Poblachta mit zehn Abgeordneten in den Dail einzog. Rund ein Viertel aller Wählenden hatte sich so für eine links verortete Liste ausgesprochen, während ein Drittel seine Stimme für die nunmehr »Fine Gael« (Stamm der Gälen) genannten ehemaligen Freistaatler bzw. die Bauernpartei abgab. Gemeinsam verfügten diese vier, doch ideologisch sehr unterschiedlichen, Parteien über die erforderliche Mehrheit. Tatsächlich wurde de Valera nach 16 Jahren im Amt durch den Fine-Gael-Politiker John Costello abgelöst. Bill Norton übernahm die Ämter des Vizepremiers und des Sozialministers, Sean MacBride wurde Außenminister dieses sehr heterogenen Kabinetts.

Die neue Koalition ging ihre Sache ambitioniert an. Mit einer großen Initiative gelang es, vier Millionen Acres Brachland einer landwirtschaftlichen Nutzung zuzuführen. Der anglo-irische Handelsvertrag garantierte fixe Abnahmequoten irischer Agrarprodukte auf dem britischen Markt, eine neu gegründete Industrielle Entwicklungsagentur kümmerte sich um die Schaffung neuer und qualifizierter Jobs, von denen vor allem die (aus-)gebildete Arbeiterschaft in den urbanen Zentren wie Dublin, Cork oder Limerick profitierte.

Besondere Bedeutung aber erlangte die Arbeit des neuen Gesundheitsministers Noel Browne. Ihm gelang es durch spezielle Fonds, die Spitäler des Landes merkbar aufzurüsten und mit modernen Gerätschaften auszustatten. Er setzte auf Vorsorge und Früherkennung, wobei er vor allem in der Bekämpfung der bisherigen Volksseuche Tuberkulose erstaunliche Resultate erzielte. Waren bislang rund 4.000 Iren pro Jahr dieser Krankheit erlegen, konnte diese Zahl bis zur nächsten Wahl auf knapp über 500 reduziert werden. Als Browne sein Credo auch im Bereich der Geburtshilfe – Irland lag bei der Säuglingssterblichkeit immer noch im europäischen Spitzenfeld – umsetzen und einen »Mutter-Kind-Pass« einführen wollte, der unter anderem kostenlose medizinische Versorgung werdender Mütter, aber auch deren gynäkologische Beratung vorsah, stieß er auf den entschlossenen Widerstand der konservativen Ärzteschaft wie auch der katholischen Kirche, die seine Pläne als »Sozialismus« und zerstörerisch für die Familie brandmarkten. Browne wurde im April 1951 zum Rücktritt gezwungen, was die fragile Regierungszusammenarbeit zusätzlich belastete. Als Fine Gael und die Bauernpartei dann auch noch die Milchpreise erhöhen wollten, trat der Clann na Poblachta aus der Koalition aus. Vorzeitige Neuwahlen waren die unausweichliche Folge.

Die sahen nur einen Verlierer: den Clann. Lediglich Sean MacBride und ein Kandidat im ländlichen Wahlkreis Cavan konnten ihre Sitze verteidigen, alle anderen Mandatare wurden abgewählt. Da aber auch die Labour Party drei Sitze verlor, reichte es für de Valera, nach drei Jahren wieder das Amt des Taoiseach übernehmen zu können. Mit einer nahezu völlig unveränderten Mannschaft an seiner Seite bekundete er, exakt dort fortsetzen zu wollen, wo er – nach seiner Sicht – unterbrochen worden war, wobei es freilich nicht einer gewissen Ironie entbehrt, dass de Valera 1953 ein Gesundheitsgesetz beschließen ließ, das in vielen Punkten Brownes Konzepte übernahm. Diesmal allerdings ohne der Aufschrei der Kirche.

Auf ökonomischem Gebiet blieben jedoch auch diesmal zählbare Erfolge aus. Die Zahl der Arbeitslosen stieg in Höhen, wie sie seit dem Bürgerkrieg nicht mehr gekannt worden waren. Die Regierung sah sich mit Streiks und Protesten konfrontiert. Es bildeten sich Arbeitslosenkomitees, die im Sommer 1953 die O'Connell-Brücke mit einem Sitzstreik blockierten, um auf ihre Lage aufmerksam zu machen. Lemass, mittlerweile Industrie- und Handelsminister, schlug daraufhin weitgehende Liberalisierungen im staatlichen Sektor vor, die naturgemäß keinen positiven Job-Effekt hatten. Ob dieser Negativspirale schrumpfte Irlands Bevölkerung durch die Auswanderung weiter (um wenig später mit 2,8 Millionen Einwohner den absoluten Tiefpunkt zu erreichen, womit die 26 Counties des Südens nicht einmal mehr doppelt so viele Einwohner zählten wie die 6 Counties, die das britische Nordirland bildeten), zudem führte die immer volatilere Wirtschaftslage zu einem Anstieg der Inflationsrate, welche de Valera ausgerechnet mit Steuererhöhungen ausgleichen wollte. Damit verlor er jedoch an Zustimmung, was es Costello ermöglichte, nach vorgezogenen Neuwahlen 1954 neuerlich Regierungschef zu werden. Der Neuauflage der Regenbogenregierung von 1948 gehörte der Clann na Poblachta nicht mehr an, der lediglich dadurch von sich reden machte, mit Kathleen O'Connor, die eben erst 21 Jahre alt geworden war, die bis dahin jüngste Person ins Parlament geschickt zu haben, die zudem auch gleich den Frauenanteil im Dail um 33 Prozent erhöhte. Mit Ausnahme der Bauernpartei hatte nun jede Fraktion im Unterhaus exakt eine Frau in ihren Reihen.

Obwohl Costello und Norton mit ihrem zweiten Kabinett über eine an sich komfortable Mehrheit verfügten (79:66) und mit der Aufnahme Irlands in die UNO 1955 einen außenpolitischen Erfolg feierten, hielt sich die Begeisterung der Iren in Grenzen. Lemass, der den alternden de Valera immer öfter vertrat, trieb die neue Regierung vor sich her, indem er ihr just auf den Gebieten der Wirtschafts- und Agrarpolitik jene Probleme vorwarf, die er selbst zuvor auch nicht hatte lösen können. Während sich also Costello mit weiter sinkenden Beschäftigungszahlen und roten Zahlen in den (semi-)staatlichen Unternehmen herumschlagen musste, schwadronierte Lemass von einem wirtschaftlichen Neubeginn unter Fianna Fail, der nicht weniger als 100.000 neue Arbeitsplätze bringen würde. Er propagierte den Slogan »Let's get cracking« (Lasst es krachen) und beschwor einen unter seiner Partei zu erwartenden Aufschwung, der in keiner Weise mit der ökonomischen Realität korrespondierte. Vergebens war die berechtigte Frage der Regierung, warum Fianna Fail, wenn sie doch die Antwort auf alle Probleme besitze, diese nicht schon in der Zeit ihrer eigenen Regierungsverantwortung gegeben habe. Lemass wischte den Einwand nonchalant mit einem »wir sind eben klüger geworden« beiseite. Zupass kam Fianna Fail die »Operation Ernte« (auch »Bordercampaign« genannt) der IRA, die ab 1956 mehrere Anschläge auf britische Einrichtungen in Nordirland verübte, um anschließend sofort in den Süden abzutauchen. Großbritannien forderte von der irischen Regierung rigide Maßnahmen, die sofort von Fianna Fail, aber auch vom Clann na Poblachta, als Kniefall vor den »Sachsen« verunglimpft wurden. Beide Parteien warfen der Regierung vor, das politische Ziel der Wiedervereinigung Irlands nicht konsequent genug zu verfolgen, dabei bewusst außer Acht lassend, dass sie selbst in ihren Amtszeiten auch keinerlei Schritte in eine solche Richtung unternommen hatten.

Die irische Bevölkerung stand der Kampagne der IRA (und ihres politischen Armes Sinn Fein) durchaus wohlwollend gegenüber, was Costellos Kabinett zusätzlich schwächte. Um einem allfälligen Misstrauensantrag zuvorzukommen, flüchtete Costello 1957 in vorzeitige Neuwahlen, von denen er sich – entgegen allen Umfragen – eine Stärkung seiner Position erhoffte. Wie von unabhängigen Beobachtern erwartet, erlitt die Koalition eine »krachende« Niederlage. Insgesamt verloren die in ihr verbündeten Parteien zehn Prozent der Stimmen, die zu gleichen Teilen an die Fianna Fail, aber auch an die erstmals seit langem wieder angetretene Sinn Fein gingen. Fianna Fail kam so mit 78 von 147 Mandaten auf eine mehr als komfortable absolute Mehrheit, die noch zusätzlich durch fünf Sitze der Sinn Fein bzw. des Clann na Poblachta abgesichert war. Obwohl de Valera in jenem Jahr seinen 75. Geburtstag beging, bildete er abermals eine Regierung, es war seine elfte, ein Rekord, der in der westlichen Welt wohl ohne Vergleich blieb.

Dennoch konnte es nicht verborgen bleiben, dass der Heros des Osteraufstandes fragil und vor allem nahezu erblindet nur noch ein Schatten seiner selbst war. Das galt auch für seinen engsten Kreis, die allesamt auf die 70 zugingen und unter denen Lemass mit 58 Lenzen der weitaus Jüngste war. In dem Vierteljahrhundert, in dem die Fianna Fail (immer wieder) regiert hatte, war es praktisch zu keinen Wechseln in der Regierungsmannschaft gekommen, sah man davon ab, dass Vizepremier O'Kelly zwischenzeitlich Staatspräsident geworden war. Dessen Amtszeit sollte 1959 ordnungsgemäß zu Ende gehen, und viele in der Partei sahen dieses Faktum als günstige Gelegenheit, de Valera quasi in Pension zu schicken. Lemass überzeugte de Valera schließlich davon, dass die Rückkehr in sein erstes öffentliches Amt – immerhin war de Valera, wenn auch kaum international anerkannt, schon 1919 bis 1922 Präsident der Irischen Republik gewesen – den krönenden Abschluss einer einzigartigen, über mehr als ein halbes Jahrhundert währenden Karriere wäre. Bei einer – für damalige Verhältnisse – recht niedrigen Wahlbeteiligung von 58 Prozent wurde de Valera im Juni 1959 mit 56 Prozent zum Staatsoberhaupt gekürt. Damit war der Weg frei für Lemass, der wenige Tage später zum dritten »Taoiseach« der Republik gewählt wurde.

Der Wechsel an der Spitze der Regierungspartei läutete einen generellen Generationswechsel ein. In der »Fine Gael« wurde Richard Mulcahy verabschiedet, der schon 1922 bei den Freistaatlern Verteidigungsminister gewesen und mittlerweile 73 Jahre alt war, und bei Labour nahm Bill Norton nach 28 Jahren den Hut. Dies korrespondierte mit einem allmählichen Abtreten jener Generation, die die turbulenten Jahre nach 1916 noch aktiv miterlebt hatte, wodurch auch nicht mehr alles durch die »Brille von 1916« gesehen werden konnte. Lemass war daher bestrebt, sich schnell durch Wahlen legitimieren zu lassen, bevor die neuen Mitbewerber ein eigenes Profil entwickelt hatten. Zudem trug er den Plan in sich, nach diesem Urnengang die gesamte »alte Garde« seines Vorgängers in Rente zu schicken und sich stattdessen mit jungen Technokraten zu umgeben, mit denen man endlich die wirtschaftlichen Probleme angehen konnte. Allerdings verfehlte Lemass bei den Wahlen im Oktober 1961 die absolute Mehrheit und konnte nur mit Hilfe zweier unabhängiger Abgeordneter einen Überhang von einer Stimme im Dail sicherstellen. Die Idee, de Valeras Mannschaft auszuwechseln, war vom Tisch.

Was Fianna Fail jedoch mehr und mehr in Gegensatz zur neuen Zeitströmung brachte. Die Jugend erwärmte sich für Rock'n'Roll, wenngleich die traditionelle irische Musik, zum Teil in aktuellerem Gewand, als »Irish Folk« auch außerhalb Irlands ihre Interessenten fand, was ein erstes Anzeichen für die Popularität Irlands in den 70ern bis zum Beginn des neuen Jahrtausends sein sollte. Bands wie »The Dubliners« popularisierten alte Rebellenlieder, Autoren wie Joyce und Beckett stießen in intellektuellen Kreisen auf Begeisterung (im Falle von Joyce handelte es sich wie bei Oscar Wilde um eine Wiederentdeckung), und die irische Jugend verstand immer weniger, dass es in Irland eine Zensur gab, die ihnen diese Werke, aber eben auch Boccaccio, Maxim Gorki oder selbst Arnold Zweig und Klaus Mann vorenthielt. Rigide Öffnungszeiten von Pubs oder Konzerthallen stießen gleichfalls auf stark sinkendes Verständnis, und die verzopften Moralvorstellungen der katholischen Kirche wurden von der Jugend tunlichst unterlaufen. Dass die Dinge in Nordirland unter dem dortigen Premier Terence O'Neill auch in politischer Hinsicht in Bewegung kamen, brachte Dublin zusätzlich in Bedrängnis. Dieser suchte nämlich von sich aus den Dialog mit dem Süden, was Lemass dazu nötigte, sich mit seinem Amtskollegen zu treffen, wollte er nicht als jemand gesehen werden, der eine historische Chance vertat. Im Januar 1965 betrat er als erster südirischer Regierungschef nordirischen Boden – und wurde dort von einem wütenden protestantischen Mob mit Schneebällen empfangen. Die Verhandlungen selbst verliefen rasch im Sand, weil O'Neill trotz seiner Erfolge in Sachen industrieller Modernisierung zunehmend an Rückhalt bei seiner eigenen Klientel verlor, während Lemass es sich nicht leisten konnte, von der politischen Grundforderung nach einem vereinigten Irland abzurücken.

Die Tatsache aber, dass sich der Taoiseach laufend mehr werdenden politischen Baustellen gegenübersah, ließ Lemass rasch altern. Als er im April 1965 endlich seine eigene Mannschaft durchsetzen konnte, trug er selbst bereits ein deutlich sichtbares Ablaufdatum. Einmal noch wollte er sich in ungeteilter Zustimmung sonnen und zelebrierte an der Seite des mittlerweile 84-jährigen Staatspräsidenten de Valera die Feierlichkeiten zum 50. Jahrestag des Osteraufstandes. Umso überraschender kam es für ihn, dass de Valera als Staatsoberhaupt von der Opposition gerade bei diesem Jubiläum in Frage gestellt wurde. Entgegen der bislang üblichen Usancen, einen Präsidenten, der die Wiederwahl suchte, einhellig zu bestätigen, zwang Fine Gael den alten Mann in einen Wahlkampf, den er schließlich mit einem hauchdünnen Vorsprung von rund 10.000 Stimmen für sich entscheiden konnte, was von vielen als Pyrrhus-Sieg gewertet wurde.

Die Partei kreidete diesen Lemass an, dem wenig mehr übrigblieb, als sich anzuschicken, das Haus der Fianna Fail neu zu bestellen. Er ließ dabei wenig Zweifel, dass er seinen Schwiegersohn Charles Haughey als Nachfolger bevorzugte, doch seine Partei machte ihm einen Strich durch die Rechnung und kürte stattdessen den 49-jährigen Finanzminister Jack Lynch zum neuen Parteichef. Der übernahm auch gleich den Posten des Taoiseach, und Lemass sah sich auf die hintern Bänke des Dail verbannt.

Lynch trat sein neues Amt mit der klaren Zielsetzung an, endlich den ökonomischen Reformstau abzuarbeiten. Irland sollte so lebenswert werden, dass nicht länger Zehntausende Bürger per anno ins Ausland emigrierten. Es sollte jedoch die Zuspitzung der Lage in Nordirland sein, die seine siebenjährige (erste) Amtszeit nachhaltig prägte.

5. Die Entwicklung im Norden

Seit der große Nachbar erstmals seine Hände in Richtung der grünen Insel ausgestreckt hatte, hatte es unzählige Versuche gegeben, die Bevölkerungsstruktur Irlands im Sinne Englands zu beeinflussen. Wirklich erfolgreich waren diese Strategien jedoch nur in Nordirland gewesen, wo die »Plantation«, also die planmäßige Ansiedlung protestantischer Schotten und Engländer im frühen 17. Jahrhundert für eine signifikante Mehrheit gegenüber den dort wohnenden Katholiken gesorgt hatte. Dementsprechend waren es auch diese Protestanten, die sich schon im 19. Jahrhundert vehement gegen eine Autonomie Irlands wehrten und strikt zur Union mit dem übrigen Großbritannien standen, weshalb sie alsbald »Unionisten« geheißen wurden. Als die »Home Rule« ab 1912 vermeintlich kurz vor der Durchsetzung stand, organisierte der Anführer der Unionisten, Edward Carson, der knappe zwei Jahrzehnte zuvor dadurch berühmt geworden war, Oscar Wilde in den Kerker geschickt zu haben, militante Proteste, die London rasch davon überzeugten, dass man die nordirische Seite nicht ignorieren konnte.

Im »Treaty« vom Dezember 1921 war daher eine Teilung zwischen dem zukünftigen Freistaat und sechs Counties in Ulster vorgesehen worden, die als »Nordirland« bei England verbleiben sollten, da die Protestanten dort eine recht klare Mehrheit stellten. Viel schneller als im Süden konstituierte sich das nordirische Parlament in Schloss Stormont, das mit großem Pomp von König Georg V. eröffnet wurde, womit die britische Seite zu zeigen gewillt war, was sie sich vom Süden erwartete.

Dabei war jedoch klar ersichtlich, dass der neue »Staat« gleich mehrere Defizite aufwies, unter denen das politisch wohl schwerwiegendste die krasse Benachteiligung des katholischen Bevölkerungsdrittels war. Die nordirische Regierung stellte von Anfang an sicher, dass kein Katholik einen Arbeitsplatz in einer staatlichen Institution bekam. Von den 9.000 Polizisten, über die Nordirland verfügte, war nicht ein einziger Katholik. Selbiges galt für die Verwaltung. Bei einer Gelegenheit entschuldigte sich der spätere nordirische Premierminister John Andrews in Stormont dafür, dass man unter den Dockarbeitern einen Katholiken gefunden habe, ein Fehler, der, so Andrews, rasch korrigiert worden sei. Wenig verwunderlich also, dass auch unter allen Kabinettsmitgliedern in der ersten parlamentarischen Phase Nordirlands, die bis in die frühen 70er Jahre des 20. Jahrhunderts währte, ebenfalls kein einziger Katholik aufscheint.

Und damit die Katholiken auch in der Zukunft rechtlos blieben, gestalteten die herrschenden Protestanten auch das Wahlsystem zu ihren Gunsten um. Dazu griff man auf eine Taktik zurück, die in den USA schon der seinerzeitige Gouverneur von Massachusetts, Elbridge Gerry, 1912 angewandt hatte, um seine Mehrheit zu zementieren. Die Wahlkreise wurden so ausgestaltet, dass durch eine Zersplitterung der Gebiete mit katholischen Mehrheiten fast überall eine protestantische Wählermehrheit sichergestellt wurde. Im Falle von Massachusetts hatte diese Taktik übrigens dazu geführt, dass ein Stimmbezirk auf der Landkarte die Form eines Salamanders hatte, wodurch diese Form der Verzerrung demokratischer Willensbildung mit einem neuen Kofferwort »Gerrymandering« (Gerry und Salamander) bezeichnet wird. Tatsächlich erhielten bei den Wahlen von 1925 die Unionisten 36 der 52 Mandate, während die katholische Seite auf 12 Sitze kam – die übrigen Abgeordneten stellte die – damals noch interkonfessionelle – Labour Party. Nach der Neueinteilung der Wahlkreise erhielten die Protestanten 1929 40 Sitze, die Katholiken elf und Labour nur noch einen. Verschärft wurde die Situation durch den Umstand, dass der Süden das Existenzrecht eines von England abhängigen Nordirland prinzipiell in Abrede stellte – vor allem, seit 1932 die Vertragsgegner in Dublin an die Macht gekommen waren –, weshalb ihre Vertreter (1933 waren etwa IRA-Stabschef Patrick McLogan in Armagh und Irlands Premier de Valera in Down ins nordirische Parlament gewählt worden) ihre Sitze in Stormont ebensowenig einnahmen wie seinerzeit in Westminister. Mithin war also die oftmals aus nur einem oder zwei Abgeordneten bestehende Labour-Fraktion die einzig vorhandene Opposition – mit entsprechend geringer Wirkung. Die Unionisten wandten das Gerrymandering in der Folge auch auf die Gemeindeverwaltungen an, um auch dort den katholischen Einfluss auf Null zu reduzieren. Besonders krass war dies im Falle der Stadt Derry, in der die Katholiken 60 Prozent der Bevölkerung stellten. Durch das neue Wahlrecht war jedoch sichergestellt, dass die Protestanten 12, die Katholiken jedoch nur 8 Sitze bekommen konnten. Unmittelbare Folge dieses Vorgehens war, dass Katholiken kaum noch eine Chance auf Sozialhilfe, Kommunalwohnungen oder öffentliche Subventionen hatten und auch nicht mehr mitbestimmen konnten, wofür die Gemeindebudgets verwendet wurden: medizinische Einrichtungen, Kindergärten, Jugendzentren waren bald ein protestantisches Alleinstellungsmerkmal.

Gegen diese krasse Benachteiligung regte sich praktisch umgehend massiver Widerstand, den die protestantische Elite jedoch mit harscher Repression zu unterdrücken trachtete. Bereits 1922 hatten die Unionisten eine Ausnahmezustands-Gesetzgebung initiiert, die es der Polizei – die, wie erwähnt, ausnahmslos aus Protestanten bestand – erlaubte, Personen ohne richterliche Anordnung zu inhaftieren. Allein für den Besitz einer Feuerwaffe konnte die Todesstrafe ausgesprochen werden, und selbst so mittelalterlich-drakonische Strafen wie Auspeitschung war dadurch gesetzlich gedeckt. Unmittelbar nach dem Beschluss wurden knapp 750 Katholiken wegen vermuteter Unterstützung von Sinn Fein interniert.

Umgekehrt waren allein im ersten Quartal des Jahres 1922 83 Katholiken ermordet worden, ohne dass auch nur in einem einzigen Fall gegen einen Täter Anklage erhoben worden war –

womit die Regierung von Ulster ihre Anhänger nachgerade zu weiteren Übergriffen gegen die Minderheit ermunterte. 8.500 Katholiken verloren ihre Jobs, 23.000 wurden aus ihren Wohnstätten vertrieben, und nicht weniger als 50.000 Katholiken flüchteten in den Südteil der Insel, um sich der permanenten Verfolgung durch die Protestanten zu entziehen.

Dadurch erkannten aber auch die politischen Leitfiguren der katholischen Sache, dass ihr Boykott des nordirischen Parlaments der katholischen Sache nicht dienlich war. Ähnlich wie um de Valera im Süden bildete sich auch um Joseph Devlin im Norden eine »nationalistische Partei«, die gewillt war, den Eid auf den König abzulegen, um parlamentarisch werden zu können – womit Sinn Fein auch im Norden gespalten war.

Allerdings mussten die katholischen Mandatare rasch feststellen, dass sie auch im Parlament ohnmächtig waren. Ihnen blieb nur, die Lage ihrer Bevölkerung wortreich zu beklagen. So kritisierte Devlin in der konstituierenden Sitzung 1929, das Ziel der Protestanten sei nicht nur die Schwächung der Katholiken, real wollten sie diese gänzlich los werden (»wipe out«). Wenig später kochten die gewalttätigen Auseinandersetzungen neuerlich hoch, als protestantische Vereinigungen wie der »Orange Order« dazu übergingen, in katholische Viertel in Belfast und Derry einzudringen, um auf die dortigen Bewohner loszugehen. Einen unrühmlichen Höhepunkt erreichte diese Kampagne aus Anlass des silbernen Thronjubiläums von Georg V. 1935, als bei diesen »Umzügen« elf Menschen getötet und beinahe 600 verletzt wurden. 300 Familien mussten ihre Wohnungen räumen, da die Häuser so schwer beschädigt worden waren, dass sie nicht mehr betreten werden konnten. Der religiöse Konflikt begann die nordirische Gesellschaft derart zu dominieren, dass darüber alle anderen Themenbereiche, etwa die soziale Frage, völlig überdeckt wurden. Gruppierungen, die versuchten, das religiöse Sektierertum zu ignorieren, wurden zunehmend zwischen den Fronten zerrieben, was in erster Linie die einstmals durchaus starke Labour Party betraf, die ihre Hochburgen in den Belfaster Docks und Schiffswerften mehr und mehr an unionistische Vereinigungen verlor, da die dort Werktätigen systematisch durch treue Parteigänger des Regimes ersetzt wurden.

Der protestantischen Führung gelang es, durch eine Art Wohlfahrtspolitik (sichere Arbeitsplätze, billiges Wohnen, kostengünstige Freizeitangebote ...) die eigene Klientel eng an sich zu binden, die dafür den Verlautbarungen der Regierung willig Glauben schenkte. Das Lagerdenken der Protestanten wurde durch die Machtübernahme de Valeras im Freistaat zusätzlich bestärkt, da dieser kein Hehl daraus machte, die Trennung Irlands nicht zu akzeptieren und daher Ulster in seinen Staat reinkorporieren zu wollen. Dass er die IRA und Sinn Fein, die unter der Vorgängerregierung illegalisiert worden waren, wieder zuließ und seine Grenzpolizei kaum verhüllt dazu ermunterte, den IRA-Aktivisten freien Spielraum beim Rückzug in den Süden einzuräumen, befeuerte die protestantische »Ur-Angst« zusätzlich. Mit de Valeras Verfassung von 1937 sahen sie ihre Befürchtungen gleichsam schriftlich bestätigt.

Der Zweite Weltkrieg brachte eine vorübergehende Atempause in dem konfessionellen Konflikt. Ulster profitierte sogar von den bewaffneten Auseinandersetzungen, da die Briten einen guten Teil ihrer Rüstungsindustrie in das vergleichsweise sichere irische Hinterland transferierten, wo nun nicht nur der Schiffbau durchgeführt wurde, sondern eben auch die Produktion von Munition, Waffen und schwerem Gerät, was rasch zu einem ökonomischen Aufschwung führte, was sogar für die katholische Minderheit in gewissem Rahmen einträglich war. Zudem litten Protestanten und Katholiken in gleichem Maße unter den Bombenangriffen der deutschen Luftwaffe, die bis Mai 1941 mehrmals über Belfast auftauchte und dabei enormen Schaden anrichtete. Mehr als tausend Menschen starben im »Belfast Blitz«, nahezu doppelt so viele wurden ernsthaft verletzt, und rund 900 Häuser wurden gänzlich zerstört und an die 50.000 zum Teil schwer beschädigt, wobei die protestantisch-britische Seite wohl wohlwollend registrierte, dass de Valera Feuerwehren, Baumaschinen und Hilfsgüter in den Norden schickte, um bei der Behebung der Schäden zu helfen. In Reaktion auf die deutschen Attacken legten die Briten mehrere Militärbasen an der nordirischen Küste an, von denen die Umgebung ökonomisch durchaus profitierte. Vor allem aber hatte Nordirland die kriegsbedingten Ernteausfälle in Britannien zu kompensieren, was der Bauernschaft ein zusätzliches Einkommen bescherte. Der neue Premier Andrews investierte massiv in die Schaffung neuer Anbauflächen, was sich als weiterer Job-Motor herausstellte.

Zum Zeitpunkt des Sieges der Alliierten präsentierte sich Ulster als eine Region, die noch nie zuvor in ihrer Geschichte derart positiv bilanzieren konnte. Die Arbeitslosigkeit war extrem niedrig, das Lohnniveau erfreulich hoch, und ab 1942 hatten sich die allgemeinen Lebensbedingungen laufend verbessert. Sogar die hartnäckigsten Orangisten waren darob milde gestimmt.

Allerdings verpufften die ökonomischen Effekte nach Kriegsende recht rasch. Die Kriegsindustrie wurde abgebaut, die Militärbasen geschlossen und das Getreide wieder aus dem Süden und Südwesten Englands bezogen. Nordirlands Wirtschaft taumelte hilflos in eine neue Krise, die auch die religiösen Spannungen wieder verschärfte. Die IRA versuchte, von der neuen Lage zu profitieren und startete 1956 eine neue Kampagne, die jedoch recht bald mangels ansprechender Unterstützung erlahmte. Generalstabschef Ruairi O'Bradaigh wurde daraufhin 1962 von seinem Posten entbunden und durch Cathal Goulding ersetzt, der die IRA in ein marxistisch-leninistisches Fahrwasser führte. Goulding sah die Zukunft der irischen Sache nicht länger in bewaffnetem Aktionismus, sondern votierte für eine Agitation unter den arbeitenden Massen, die ungeachtet ihrer Religion gemeinsam auf eine revolutionäre Umgestaltung hinarbeiten sollten. Mit dieser Politik verstörte die IRA jedoch viele Katholiken, die ihr bisher eher aufgeschlossen gegenübergestanden waren. Einerseits kreideten diese der IRA ihren »Kommunismus« an, andererseits verstanden sie nicht, warum sich diese nicht gewaltsam gegen die protestantischen Übergriffe wehrte und die katholische Minderheit mit Waffen verteidigte. »IRA« wurde so zum Spottkürzel für »I ran away« (Ich bin geflüchtet), was dazu führte, dass sich 1969 ein relevanter Teil der IRA unter Sean MacStiofain von der – nunmehr »official IRA« geheißenen – sozialistischen Führung abspaltete und eine »provisional IRA« gründete, die auf die alten Muster von Bombenkampagnen und bewaffneten Übergriffen zurückgriff. Während die »Officials« in der Folge praktisch keine Rolle mehr spielten, avancierten die »Provos« rasch zum eigentlichen Gegner der »Sachsen« und ihrer unionistischen Statthalter. Vor allem MacStiofains Nachfolger Gerry Adams und Martin McGuinness sollten zu bestimmenden Faktoren in der nordirischen Innenpolitik aufsteigen.

Bedingt war die Spaltung der IRA nicht zuletzt durch einen spürbaren Anstieg der Gewalt von protestantischer Seite. Die war zunehmend irritiert über die Politik des neuen nordirischen Premierministers Terrence O'Neill, der die Zukunft Ulsters nicht nur in einer ökonomischen Modernisierung, sondern offensichtlich auch in einem Ausgleich mit der südirischen Seite sah. Dass O'Neill den Dialog mit Taoiseach Lemass suchte, grenzte für manche Protestanten an Hochverrat.

Kurz nach den wechselseitigen Besuchen der beiden Amtskollegen in Belfast und Dublin trafen sich im Frühsommer 1966 einige unionistische Heißsporne und hoben die »Ulster Volunteer Force« aus der Taufe, Wiedergänger einer radikalen Kleingruppe, die zu Beginn des 20. Jahrhunderts gegen das Konzept der »Home Rule« gekämpft hatte. Die UVF drang nächtlich in katholische Viertel ein, um die dortige Bevölkerung zu schmähen und nach Tunlichkeit auch einzuschüchtern. Dabei schrieben sie auch Schimpfworte an die Hauswände und formulierten Warnungen, man möge in katholischen Geschäften nicht einkaufen. Ein solches »Grafitto« hatte fatale Folgen. Durch das Fenster des betreffenden Hauses wurde ein Molotow-Cocktail geworfen, der den Tod einer 77-jährigen Bewohnerin zur Folge hatte, die noch dazu Protestantin gewesen war, die zufällig im katholischen Viertel gewohnt hatte. Die UVF zeigte jedoch nicht die geringste Reue und ging stattdessen nur noch mehr in die Offensive. Sie veröffentlichte ein Bulletin, in dem sie schwere Geschütze auffuhr: »Von diesem Tag an erklären wir der IRA und ihren Splittergruppen den Krieg. Bekannte IRA-Männer werden von uns gnadenlos und ohne Zögern exekutiert. (…) Wir dulden keine Einmischung – von welcher Seite auch immer – und warnen die Behörden vor weiteren beschwichtigenden Reden. Wir sind schwer bewaffnete Protestanten und unserer Sache voll ergeben.«

Und dass es sich dabei nicht um leere Drohungen handelte, stellte die UVF in den folgenden Wochen unter Beweis. Zuerst wurde ein 28-jähriger Katholik auf offener Straße erschossen, Tage später starb ein erst 18-jähriger Kellner in einem katholischen Lokal, in welches die UVF ziellos hineingefeuert hatte, wobei zusätzlich drei Lokalgäste schwer verletzt wurden. Dass die UVF wenig Federlesens machte, zeigte sich daran, dass wenig später sogar ein protestantischer Polizist von ihnen erschossen wurde. Schließlich kam es zu einer Serie von Bombenanschlägen auf wichtige Infrastruktureinrichtungen, welche IRA-Muster kopierten, um, so die Absicht der UVF, die Attentate der katholischen Seite anlasten und moderate Unionisten gegen die Katholiken, aber auch gegen den konzilianten O'Neill aufbringen zu können. Tatsächlich hielt O'Neill trotz anfänglich großem Rückhalt – 1965 hatte er mit 59 Prozent der abgegebenen Stimmen den größten Wahlsieg der Unionisten in ihrer Geschichte errungen – dem Druck nicht mehr stand und legte sein Amt im Frühjahr 1969 nieder.

Das brutale Vorgehen der UVF konnte nicht ohne Antwort von katholischer Seite bleiben. Beeinflusst von der Arbeit der amerikanischen Bürgerrechtsbewegung formierte sich 1967 die »Nordirische Vereinigung für Bürgerrechte« (NICRA), die mit Protestmärschen auf die Lage der Minderheit aufmerksam zu machen gedachte, wobei der friedliche Charakter der Aktionen unbedingt gewahrt werden sollte. Zum »Gesicht« der neuen Bewegung wurde die unabhängige Sozialistin Bernadette Devlin, die keinen Zweifel daran ließ, dass es ihr nicht um religiöse Befindlichkeiten, sondern um unveräußerliche Rechte für alle Bürger Nordirlands ging. Als der amtierende Abgeordnete für den Wahlkreis Mid-Ulster starb und daher im April 1969 eine Nachwahl erforderlich wurde, kandidierte Devlin mit der Ankündigung, sie werde – im Gegensatz zu den Nationalisten – ihren Sitz in Westminister einnehmen und dort für die Rechte des Volkes kämpfen. Bei einer der höchsten Wahlbeteiligungen in der Geschichte des britischen Parlaments (nahezu 92 Prozent) gelang es Devlin, den Unionisten den Sitz zu entreißen. Sie wurde damit die jüngste Frau, die bis dahin jemals ins britische Unterhaus gewählt worden war. Bei der regulären Parlamentswahl 1970 verteidigte sie ihren Sitz, wobei die NICRA in Fermanagh noch ein zweites

Mandat erobern konnte. Im Frühjahr 1969 wertete Devlin ihren Wahlsieg als klaren Auftrag, die Bürgerrechtskampagne zu intensivieren. Wie die afro-amerikanische Community in den USA versammelte die NICRA große Menschenmengen, um in weiteren Protestmärschen auf ihre Anliegen aufmerksam zu machen.

Bei einer dieser Demonstrationen in Derry kreiste jedoch die nordirische Polizei die Teilnehmer ein und knüppelte sie nieder. Über hundert Demonstranten blieben verletzt zurück. Befeuert wurde das harte Vorgehen nicht zuletzt durch den protestantischen Prediger Ian Paisley, der jede Form von interkonfessionellem Dialog als »Pakt mit dem Teufel« anprangerte und seine eigene unionistische Partei aus der Taufe hob, die rasch eine Heimstätte für gewaltbereite Protestanten wurde.

O'Neills Rücktritt ließ die ohnehin schon volatile Lage weiter eskalieren. Im August 1969 stürmten radikale Unionisten den katholischen Stadtteil Bogside in Derry und lieferten sich mit der dortigen Bevölkerung mehrere Tage lang Straßenschlachten. Gedeckt von der Polizei, die mit Panzerwagen gegen die Katholiken vorging, brannten die Protestanten ganze Straßenzüge nieder, was von katholischer Seite mit Rachefeldzügen beantwortet wurde. Nach dem Abebben der Gewaltwelle hatten neun Menschen ihr Leben verloren. 750 Personen waren verletzt worden, knapp 2.000 Familien hatten ihr Heim verloren, 80 Prozent davon Katholiken.

Dem neuen Premier blieb daraufhin nichts anderes übrig, als die britische Armee zu Hilfe zu rufen, die anfänglich von beiden Seiten als unparteiischer Schiedsrichter begrüßt wurde. Doch erwies sich bald, dass die Armee eben nicht neutral blieb. Im Zweifelsfall stellte sie sich auf die Seite der Protestanten, was innerhalb der katholischen Minderheit Verbitterung hervorrief, zumal sie immer öfter zu überzogener Härte griff. Im Juli 1970 verhängte die Armee eine mehrtägige

Ausgangssperre über die katholischen Viertel und begann mit einer groß angelegten »Waffensuche«, bei der fünf Katholiken getötet wurden. Als es daraufhin zu Protesten kam, nahm die Armee 300 Personen fest und ging gegen die Revoltierenden mit Tränengas vor. Die im Jahr zuvor ins Leben gerufene »Provisional IRA« wurde ob dieser Entwicklungen von kampfeswilligen Jugendlichen förmlich überrannt.

Die Ereignisse hatten im Übrigen auch einen Effekt auf die Politik in der Republik. Diese hatte 1969 einen Hilfsfonds für von den Unruhen betroffene katholische Familien geschaffen, der von Finanzminister Haughey verwaltet wurde. Als im Mai 1970 ruchbar wurde, dass Haughey und ein oder zwei weitere Mitglieder des Kabinetts von Jack Lynch um die so bereitgestellten Gelder im Ausland Waffen gekauft und an die IRA weitergegeben hatten, entließ Lynch umgehend seinen innerparteilichen Rivalen, der jedoch im anschließenden Gerichtsprozess von den Vorwürfen freigesprochen wurde und somit rehabilitiert war. Die Causa selbst sollte jedoch für anhaltende Animositäten innerhalb der Fianna Fail sorgen, deren Nachwirkungen bis in die 80er Jahre reichten.

1971 führte die britische Seite eine Notstandsgesetzgebung ein und setzte die Bürgerrechte außer Kraft. Verdächtige konnten nun ohne gerichtliche Anordnung beliebig lang interniert werden. Als gegen diese neuerliche Eskalation durch die britische Seite eine katholische Demonstration abgehalten wurde, schossen am sogenannten »Bloody Sunday« (30. Januar 1972) die englischen Soldaten wahllos in die Menge und töteten dreizehn friedliche Teilnehmer. Als der britische Innenminister daraufhin in Westminster erklärte, die Armeeangehörigen hätten in Notwehr gehandelt, rauschte Devlin quer durch den Saal zur konservativen Frontbench und verpasste ihm medienwirksam eine Ohrfeige. Es sollte bis zum Jahr 2010 dauern, ehe die britische Seite eingestand, dass es sich beim Bloody Sunday um ein Verbrechen gehandelt hatte. Nordirland versank endgültig im Chaos, und London zog die Notbremse. Im März 1972 wurde die Autonomie Ulsters beendet und die Provinz unter die direkte Verwaltung der britischen Regierung gestellt, die zu diesem Zweck ein eigenes Ministerium schuf.

Die (provisorische) IRA reagierte in der Zwischenzeit mit einer eigenen Offensive. Am »Bloody Friday« gingen im Juli 1972 nicht weniger als 22 Bomben gleichzeitig an verschiedenen Orten in Ulster hoch, und ab diesem Zeitpunkt blieb Nordirland für die kommenden 22 Jahre ein Minenfeld, in dem niemand sagen konnte, wer wo wann das nächste Mal zuschlagen würde. Insgesamt sollten die Auseinandersetzungen – bald allgemein »troubles« genannt – 4.000 Menschen das Leben kosten, mehr als die Hälfte davon unbeteiligte Zivilisten. Der tödliche Kreislauf von Razzien, die Anschläge provozierten, auf die mit Vergeltungsschlägen geantwortet wurde, prägten für Jahrzehnte das Leben der Bewohner Ulsters, das bald als der düsterste Ort Westeuropas bekannt war. Das »Hotel Europa« in Belfast hielt viele Jahre den zweifelhaften Rekord, das am öftesten von Bombenanschlägen heimgesuchte Beherbergungsunternehmen der Welt zu sein.

Dabei hatte es nicht an Initiativen gemangelt, die konfessionelle Trennung zu überwinden. Schon 1970 formierten einige über die Entwicklungen besorgte Intellektuelle eine neue Partei (»Allianz«), die sich zum Ziel setzte, die religiöse Trennung zu überwinden und – ganz im Sinne des gestürzten Premiers O'Neill – ein reformiertes Nordirland zu schaffen, in dem die Menschen ohne Ansicht ihres konfessionellen Bekenntnisses, aber auch ihres sozialen Hintergrunds individuelle Aufstiegschancen haben sollten.

Zu noch größerer internationaler Beachtung aber brachten es zwei Hausfrauen, die für ihre Aktivitäten 1977 mit dem Friedensnobelpreis ausgezeichnet werden sollten. Betty Williams, aus einer protestantischen Familie stammend, wurde 1976 Zeugin, wie ein Auto drei Kinder tötete, da dessen Lenker, ein IRA-Sympathisant, während der Fahrt von britischen Soldaten erschossen worden war. Gemeinsam mit der Katholikin Mairead Corrigan sammelte sie Unterschriften für eine Petition an die Regierung, die Gewalt in Nordirland endlich dauerhaft zu unterbinden. Um die beiden versammelte sich rasch eine große Menge besorgter Bürger aus beiden konfessionellen Lagern, die als »Peace People« bekannt wurden. In einem eigenen Manifest erklärten sie, dass sie sich dessen bewusst seien, dass es in Ulster viele Probleme gebe, diese aber durch den Einsatz von Waffen nur noch verschärft würden. Vielmehr gehe es also darum, gegenseitiges Misstrauen abzubauen und zu einer Gemeinsamkeit zu finden, in der Familien und Kinder wieder in Sicherheit leben könnten und in der »die Tragödien, die wir erlebt haben, nur noch eine böse Erinnerung, aber auch eine konstante Warnung« sein mögen.

Die Weltöffentlichkeit, ohnehin schon lange über die Ereignisse in Nordirland entsetzt, griff die Initiative der beiden Frauen dankbar auf, und bereits wenige Monate nach der Unterschriftenkampagne verlautete aus Oslo, die beiden bekämen den Friedensnobelpreis. Doch ungeachtet dieser – und zahlreicher anderer – Ehrungen wurde die Bewegung der Peace People rasch zwischen den Fronten zerrieben. Bereits 1978 stellte sie ihre Aktivitäten ein, Protestanten und Katholiken standen sich einmal mehr unversöhnlich gegenüber.

Hatten dabei die internierten Katholiken zunächst als »politische Gefangene« (sie selbst bezeichneten sich als »POW«, Prisoners of War, also Kriegsgefangene) gegolten, so schaffte die britische Regierung 1976 jedweden Sonderstatus ab und behandelte IRA-Aktivisten und deren Sympathisanten wie normale Kriminelle, wogegen die Häftlinge sofort Maßnahmen ergriffen. Sie verweigerten, da sie als Kriminelle nicht länger ihre eigene Bekleidung, sondern Gefängniskleidung tragen sollten, deren Übernahme und liefen nackt, nur in Decken gehüllt, herum. Als dies die Gefängnisverwaltung nicht zum Einlenken brachte, verließen die Gefangenen ihre Zellen nicht mehr, da sie auf dem Weg zu den Duschen oder den Toiletten regelmäßig von den Wärtern misshandelt wurden. Die Gefängnisleitung entschied daraufhin, sämtliche Möbel aus den Zellen der IRA-Häftlinge zu entfernen, worauf der »Blanket Protest« (Deckenprotest) zum »Dirty Protest« (schmutziger Protest) wurde, da die Eimer für die Notdurft keine Entleerung mehr erfuhr. Die Insassen behalfen sich damit, ihre eigenen Exkremente an den Zellenwänden zu verteilen, was entsprechende olfaktorische Auswirkungen hatte. Die britische Seite lenkte dennoch nicht ein, auch nicht, als der Primas von Irland, Erzbischof Tomas Kardinal O'Fiaich, öffentlich die katastrophalen Bedingungen anprangerte, unter denen Menschen in englischen Gefängnissen vegetieren mussten. Dass die Häftlinge sich dadurch geistig rege hielten, dass sie die gälische Sprache erlernten, kommentierte der Kardinal wie folgt: »Es war ein Anzeichen dafür, dass sich der menschliche Geist über die feindliche materielle Umgebung erhebt, indem irische Wörter, Redewendungen und Lieder von Zelle zu Zelle gerufen werden und an jede Zellenwand mit Resten aus Zahnpastatuben geschrieben werden.«

Der IRA war nunmehr die Sympathie vieler Nord- und Südiren sicher, und als die Gegenseite immer noch kein Entgegenkommen signalisierte, setzten die Häftlinge den nächsten Schritt. Am 4. Februar 1981 begannen sie einen Hungerstreik. Diese Protestform hatte in der gälischen Kultur einen überaus hohen Stellenwert und war schon im Unabhängigkeitskrieg von führenden Republikanern angewandt worden. Mit einem Mal erregten die Häftlinge international Aufsehen, und Britanniens Regierung kam mehr und mehr unter Druck. Der noch stieg, als die IRA zwei der Hungerstreikenden, Kiaran Doherty in einem südirischen Wahlkreis und Robert Sands im Wahlkreis Belfast-West, als Kandidaten aufstellte. Beide wurden gewählt, der eine als Mitglied des Dail, der andere als Abgeordneter im britischen Unterhaus. Das vereinigte Königreich war nun mit der Peinlichkeit konfrontiert, gewählte Volksvertreter in seinen Kerkern zu halten. Sands starb am 5. Mai nach 66 Tagen ohne Nahrung, seiner Beerdigung wohnten über 100.000 Menschen bei, ein Fünftel der katholischen Bevölkerung Nordirlands. Am 2. August 1981 starb schließlich auch Doherty nach 73 Tagen Hungerstreik, was bedeutete, dass England auch den Mandatar eines anderen Staates hatte sterben lassen. Nachdem acht weitere Gefangene ihrem Streik erlagen, lenkte England im Oktober 1981 ein und gab den Forderungen des Häftlingskomitees nach, ohne dadurch die verfahrene Situation irgendwie bereinigen zu können. Nordirland blieb ein Pulverfass, das trotz zahlreicher Initiativen von moderater Seite von brennenden Lunten umzingelt blieb.

6. Vom Hungerstreik zum keltischen Tiger (1981-2011)

In der Republik setzte Jack Lynch mit seiner ökonomischen Politik dort an, wo andere Staaten schon zwei Jahrzehnte zuvor gute Erfahrungen gemacht hatten. In wenigen Jahren schuf die Regierung zahlreiche Arbeitsplätze im halbstaatlichen und staatlichen Bereich. So wurde das Flugnetz der nationalen Airline »Aer Lingus« stark ausgeweitet, wofür eben entsprechendes Personal erforderlich war. Von den massiven Investitionen in die Infrastruktur (Straßen, aber auch Schulen, Gemeindehäuser und dergleichen) profitierte erst die Bauwirtschaft, dann die Jugend, die in diesen Einrichtungen lernen bzw. lehren und arbeiten konnte. Auf diese Weise arbeiteten gute zehn Jahre nach Lynchs Amtsantritt gut 300.000 Personen direkt oder indirekt für den Staat, ein Viertel aller Beschäftigten. Durch die neu geschaffenen Arbeitsplätze konnte auch die Binnennachfrage gestärkt werden, wovon dann auch der Dienstleistungssektor profitierte. Doch obwohl Lynchs Initiativen fraglos Erfolge zeitigten, oszillierte die generelle Arbeitslosigkeit Irlands weiterhin um die 15 Prozent und blieb damit eine der höchsten in Westeuropa, weshalb auch im neuen Jahrzehnt eine Viertelmillion Iren auswanderte. Immerhin aber zeigte sich erstmals in der Geschichte des Staates eine demographische Trendwende. Hatte Irland zehn Jahre zuvor mit 2,8 Millionen Einwohnern seinen absoluten Tiefpunkt erreicht, so wuchs die Bevölkerung – bedingt vor allem durch konstant hohe Geburtenraten in den ländlichen Gebieten – erstmals wieder an und sollte am Ende von Lynchs zweiter Amtszeit 1979 3,4 Millionen erreichen.

Ein wichtiges Ziel von Lynch war der Anschluss Irlands an die Europäische Gemeinschaft, die nach ihrer Konsolidierung Ende der 60er Jahre erstmals über eine Erweiterung nachdachte. Dabei stand vor allem Großbritannien im Fokus, das 1963 erstmals einen Beitrittsantrag gestellt hatte, der aber von Frankreichs Präsident De Gaulle boykottiert wurde. Auch nach dessen Abgang blieben die Franzosen gegenüber dem Königreich skeptisch, sodass die Befürworter einer Erweiterung den Galliern die Sache dadurch schmackhaft machen wollten, dass sie ein größeres Beitrittspaket andachten, dem neben Britannien auch Norwegen, Dänemark und eben Irland angehören sollten. Wobei die Skepsis Irland gegenüber ursprünglich gar nicht so gering war. Die einen bezweifelten die ökonomische Potenz eines immer noch primär landwirtschaftlich geprägten Landes, die anderen stießen sich an dem Umstand, dass Irland politisch neutral war und nicht der NATO angehörte, wie alle anderen Staaten, die sich bis zu diesem Zeitpunkt in der EG zusammengefunden hatten. Aber auch bei vielen Iren hielt sich die Begeisterung für eine Öffnung nach Europa in Grenzen. Man habe nicht für die Unabhängigkeit von London gekämpft, um sich nun in die Abhängigkeit von Brüssel zu begeben, lautete die Botschaft vor allem in den ruralen Gemeinden. Lynch hielt dem entgegen, dass ein Beitritt zur EG eine veritable Ausweitung der wirtschaftlichen Möglichkeiten gerade für Irlands Landwirte bedeuten würde, die beim Absatz ihrer Produkte dann nicht mehr ausnahmslos vom englischen Markt abhängig wären. Zudem seien massive europäische Investitionen in Irland zu erwarten, was sich auch auf den Arbeitsmarkt positiv auswirken werde. Vor allem das Argument der europäischen Agrarförderungen überzeugte rasch breite Teile der Bevölkerung. Als Frankreichs Präsident Pompidou 1969 den Weg für Verhandlungen ebnete, beeilte sich Lynch, die Beitrittsgespräche zügig voranzutreiben. Anfang 1972 hatte man ein prinzipielles Agreement erreicht, auf dessen Basis im Mai eine Volksabstimmung abgehalten wurde, bei der sich 83 Prozent der Abstimmenden für den Beitritt aussprachen. Irland wurde daher mit 1. Januar 1973 als erstes neutrales Land Mitglied der Europäischen Gemeinschaft. Es entbehrt übrigens nicht einer gewissen Ironie, dass der Mastermind dieses Prozesses, Jack Lynch, nur acht Wochen nach dem Beitritt bei vorgezogenen Neuwahlen trotz leichter Stimmengewinne gerade so viele Sitze verlor, dass ihn Fine Gael und Labour als Premier abwählen und eine Koalition bilden konnten, was übrigens dazu führte, dass Staatspräsident de Valera am Ende seiner zweiten Amtszeit ausgerechnet den Sohn seines seinerzeitigen Rivalen Cosgrave zum neuen Taoiseach angeloben musste.

Liam Cosgrave hatte in Costellos zweitem Kabinett den Posten des Außenministers bekleidet und war 1965 zum neuen Parteichef der Fine Gael gewählt worden, der sein Vater noch bis 1944 vorgestanden hatte. Sein im März 1973 gebildetes Kabinett hatte nur den Überhang eines einzigen Mandats (72:71) und außer der entschlossenen Gegnerschaft zu Fianna Fail inhaltlich nicht viel gemeinsam. Während Cosgrave dafür eintrat, »den unter seinem Vorgänger aufgeblähten Staatsapparat« wieder zurückzufahren, sorgte sich der Koalitionspartner naturgemäß um den damit zwangsläufig einhergehenden Verlust von Arbeitsplätzen. Auch die Wähler selbst waren sich rasch nicht mehr so sicher, die richtige Entscheidung getroffen zu haben. Bei den im Mai anstehenden Präsidentschaftswahlen wurde der Kandidat der Fine Gael klar von jenem der Fianna Fail besiegt, und so folgte Erskine Childers, Sohn eines IRA-Mannes, der im Bürgerkrieg von der seinerzeitigen Fine-Gael-Regierung als Parteigänger de Valeras hingerichtet worden war, de Valera als Staatspräsident. Allerdings erlag Childers bereits im Folgejahr völlig unerwartet einer Herzattacke, sodass sich die Parlamentsparteien darauf einigten, den Generalstaatsanwalt Cearbhall O'Dalaigh als neuen Präsidenten zu vereidigen. Dieser hielt sich freilich nicht wesentlich länger im Amt als sein Vorgänger. Im Zuge einer neuerlichen IRA-Kampagne in Nordirland im Gefolge der dortigen »Troubles« hatten sich Fine Gael und Labour auf einen Gesetzesentwurf geeinigt, wonach es den irischen Behörden erlaubt sein sollte, Verdächtige bis zu sieben Tagen ohne richterliche Anordnung oder Anklage zu inhaftieren. O'Dalaigh rief den Obersten Gerichtshof an, da er Zweifel daran hatte, dass dieser Entwurf verfassungskonform war. In der Zwischenzeit kam im County Laois ein Polizist unter ungeklärten Umständen zu Tode, wofür die Regierung prompt den zaudernden Präsidenten mitverantwortlich machte. Als sich der Verteidigungsminister dann anlässlich der Eröffnung einer neuen Kantine in einer Kaserne dazu hinreißen ließ, den Präsidenten in seiner Rede eine »verdammte Schande« zu nennen und ihm das Fehlen vitaler männlicher Organe attestierte, ohne dass die Regierung ihn zur Ordnung rief oder gar den Präsidenten in Schutz nahm, zog O'Dalaigh umgehend die Konsequenzen und trat von seinem Amt zurück. Um die Affäre rasch vom Tisch zu bekommen, einigten sich die Parlamentsparteien umgehend auf Patrick Hillery, der bislang als Vizepräsident der Europäischen Kommission in Brüssel gedient hatte. Cosgrave brachte somit das Kunststück fertig, in seiner vierjährigen Amtszeit als Taoiseach unter vier verschiedenen Präsidenten gedient zu haben.

Das schien aber auch schon alles, was an seiner Regierung bemerkenswert war. Die beiden Koalitionsparteien blockierten sich die meiste Zeit gegenseitig und die krasse Einengung der bürgerlichen Grund- und Freiheitsrechte durch den Gesetzesentwurf von 1976 bot Fianna Fail einen willkommenen Anlass, davor zu warnen, dieser Regierung neuerlich einen Wählerauftrag zu erteilen. Unter dem Slogan »Bring back Jack« (Bringt Jack Lynch zurück) versprach Fianna Fail nicht nur weitere neue Arbeitsplätze im Sinne ihrer Regierungsverantwortung bis 1973, sondern auch signifikante Steuersenkungen, etwa im Bereich Wohnbau und Kraftfahrzeuge. Dennoch zweifelten Beobachter daran, dass Fianna Fail damit bei den Wählern würde punkten können, und umso sprachloser machte der »resounding victory« (der schallende Sieg) Kommentatoren, Wählerschaft und Parteien zu gleichen Teilen. Offensichtlich hatten die Iren genug vom Koalitionshickhack und dessen eher unappetitlichen Begleiterscheinungen, denn Fianna Fail erhielt im Juni 1977 knapp 51 Prozent der Stimmen und 85 der 148 Mandate. Mit entsprechend breiter Brust ging Lynch daran, seine Wahlversprechen umzusetzen. Allerdings überstiegen die dafür nötigen Ausgaben bei weitem die staatlichen Einnahmen, sodass sich bereits 1978 ein alarmierendes Loch im Budget auftat. Verschärft wurde die Lage durch eine unvorhersehbare Energiekrise, die dadurch bedingt war, dass Irlands diesbezügliche Verträge mit dem Schah von Persien durch die dortige Revolution Makulatur geworden waren. Lynch blieb nichts anderes übrig, als die Energiepreise für die Endverbraucher zu erhöhen, die zudem gravierende Engpässe bei Strom und Benzin hinnehmen mussten.

Die straften Fianna Fail dann auch bei den ersten Wahlen zum Europäischen Parlament ab. Des Missvergnügens nicht genug, traten auch noch die Postbediensteten in einen, wie sich zeigen sollte, monatelangen Streik, sodass die Unterstützung für Lynch alsbald in seinen eigenen Reihen immer mehr abkühlte, zumal Charles Haughey, der ja schon 1966 gegen Lynch angetreten war, immer noch überdeutlich signalisierte, dass er gerne Partei und Regierung würde führen wollen. Nachdem er sich durch den Besuch des neuen Papstes in Irland, der sich zu einem wahren Volksfest auswuchs, noch etwas Zeit erkauft hatte, zwangen einige Niederlagen bei Nachwahlen im November 1979 Lynch endgültig zum Rückzug. Diesmal ließ sich Haughey nicht mehr die Butter vom Brot nehmen und avancierte zum vierten Vorsitzenden in der Geschichte der Fianna Fail. Am 11. Dezember 1979 beerbte er Lynch auch als Taoiseach.

Doch zu diesem Erbe zählte auch eine überaus problematische Wirtschaftslage, die Haughey mit einem nahezu klassischen sozialdemokratischen Muster zu bekämpfen suchte. Mittels »deficit spending« (Erhöhung öffentlicher Ausgaben, ohne dass die momentan vorhandenen Reserven zur Deckung ausreichen als Mittel einer antizyklischen Finanzpolitik) versuchte er, der Wirtschaftskrise gegenzusteuern. Zudem strebte er rasch Neuwahlen an, um sich so eine Mehrheit für einen längeren Zeitraum zu sichern, in dem sich möglicherweise die ökonomische Lage wieder bessern, zumindest aber stabilisieren würde. Im Mai 1981 löste sich der Dail vorzeitig auf und terminisierte den Urnengang für den 11. Juni.

Eigentlich hatte Haughey durchaus Grund zu Optimismus. Die Chefs der beiden Oppositionsparteien waren gleich ihm relativ frisch im Amt und hatten noch keine nennenswerte Gelegenheit gehabt, sich zu profilieren. Doch mit dem Beginn der Hungerstreiks im Norden der Insel, schwappte das Thema des irischen Nationalismus auch auf den Süden über und begann den Wahlkampf immer deutlicher zu dominieren. Die Provos konnten an eine Tradition anknüpfen, die schon de Valera und die Sinn Fein der Jahre 1917 bis 1919 angewandt hatten: »Bring him in to bring him out« (Wählt ihn ins Parlament, damit er aus dem Gefängnis kommt) war ein Slogan, den alle Iren noch aus dem Schulunterricht kannten. Auch die Officials, die sich nun »The Workers' Party« nannten, mischten in der Kampagne kräftig mit. Damit des Missvergnügens für Haughey noch nicht genug, formierte sich um den ehemaligen Gesundheitsminister Noel Browne eine neue politische Bewegung, die sich der Modernisierung des sozialen und gesellschaftlichen Lebens auf der Insel verschrieb, wobei sie vor allem antiquierte Standpunkte in Sachen Ehescheidung, Abtreibung, Verhütung und dergleichen anprangerte.

Tatsächlich zog Browne im Wahlkreis »Dublin North Central« ins Parlament ein. Die Officials erlangten einen Sitz in Cork, während die Provos in Louth und in Cavan erfolgreich blieben. Vor allem aber überraschte der Zuspruch für

Fine Gael, die ihren Stimmenanteil um mehr als sechs Prozent steigern konnte, während Fianna Fail über fünf Prozent verlor. Am Ende des Tages verfügten Fine Gael und Labour wie schon 1973 über eine Mehrheit, die freilich nur dadurch abgesichert war, dass zwei gewählte Abgeordnete in einem englischen Kerker saßen und sich Browne und der Mandatar der Officials bei der Kür der Regierung ihrer Stimme enthielten. Zudem musste Labour eilig einen neuen Frontmann küren, da ihr bisheriger Parteichef sein Mandat im Dail verloren hatte. Garret FitzGerald, der unter seinem Vorgänger Cosgrave Außenminister gewesen war, wurde Taoiseach, Michael O'Leary, der neue Labour-Vorsitzende, der unter Cosgrave als Arbeitsminister amtiert hatte, sein Stellvertreter.

Ganz gemäß der ideologischen Ausrichtung konservativer Parteien in der Ära von Reagan und Thatcher verfolgte FitzGerald eine Politik des Zurückfahrens staatlicher Lenkungsinstrumentarien und einer möglichst großen Privatisierung von Unternehmen aus Staatseigentum. So schlug er eine Kürzung der Stützung des Milch- und Butterpreises und eine Mehrwertsteuer auf Kinderkleidung vor, was den Koalitionspartner naturgemäß vor den Kopf stieß. Noch ehe also das Kabinett FitzGerald richtig eingearbeitet war, verlor es bereits im Dail eine Vertrauensabstimmung, vorzeitige Neuwahlen im Februar 1982 waren die unausweichliche Folge.

Die Stimmen, die im Jahr zuvor noch den Provos zugefallen waren, wanderten nun wieder zu Fianna Fail zurück, die damit 82 von 165 Sitzen erlangte. Bemerkenswert war überdies, dass die »Officials« unter ihrem neuen Vorsitzenden Proinsias de Rossa drei Mandate errangen, mit denen sie Haughey als Taoiseach stützten, was freilich ein wenig merkwürdig wirkte, da die Partei mit dem Slogan »Frieden, Demokratie, Klassenkampf« in die Wahlbewegung gegangen war und sich ungebrochen zu den Prinzipien des wissenschaftlichen Sozialismus in seiner konkreten Ausformung des Marxismus-Leninismus bekannte. Eine Art Arbeitsübereinkommen zwischen einer klerikal-konservativen Volks- und einer kommunistischen Kaderpartei hätte wohl allerorten für Kopfschütteln gesorgt. Aber Irland war eben anders.

Allerdings zerstörte sich Fianna Fail noch schneller als zuvor FitzGeralds Fine Gael. Desmond O'Malley, der schon in Zeiten der Waffenaffäre 1970 zu Haugheys Gegnern gezählt hatte, versuchte diesen aus dem Amt als Parteichef zu hieven, und als ihm das nicht gelang, spielte er den Medien einige eher unappetitliche Details aus dem Inneren des FF-Machtzirkels zu, die diese gerne aufgriffen. Hinzu kamen ein veritabler Finanzskandal im Zuge camouflierter Parteienfinanzierung sowie eine offenkundig illegale Intervention für einen des Doppelmordes verdächtigen Parteigänger. De Rossa zog daraufhin die Unterstützung der Regierung zurück, und im November 1982 mussten die Iren zum dritten Mal in 17 Monaten die Wahllokale aufsuchen.

Diesmal errangen Fine Gael und Labour eine komfortable Mehrheit, und FitzGerald schien seine Lektion gelernt zu haben. Anstatt erneut Thatcherismus zu propagieren, einigte er sich mit Labour auf eine Modernisierung der gesellschaftlichen Rahmenbedingungen, um Irland dem allgemeinen Standard des späten 20. Jahrhunderts anzupassen. Denn nach wie vor waren Scheidung und Abtreibung im katholischen Irland verboten. Zudem durften Kondome nur an Paare über 35 mit ausreichender Kinderschar von einem Arzt mittels Rezept verordnet werden, was zu dem oft belachten Fakt führte, dass statistisch jeder Protestant (die Protestanten waren von der Regel ausgenommen, da ihr Glaube Empfängnisverhütung erlaubt) bis zu fünf Kondome am Tag erwarb, wenn man davon ausging, dass die verkauften Kondome nur von Personen erworben wurden, denen der Kauf tatsächlich erlaubt war. Die neue

Koalition startete daher Initiativen, all dies zu ändern – und zog damit den wütenden Zorn der katholischen Kirche auf sich.

Der Ausgang dieser inhaltlichen Auseinandersetzung ähnelte 1985 einem Unentschieden. Es war der Regierung gelungen, den Erwerb von Verhütungsmitteln zu liberalisieren, Scheidung war nicht mehr prinzipiell verboten (aber immer noch ob zahlreicher Hürden eher schwierig ins Werk zu setzen), und Schwangerschaftsabbrüche wurden nur dann legal, wenn eindeutig Gefahr für das Leben der werdenden Mutter bestand. Alles in allem aber waren diese Reformvorhaben nicht nur ein Schritt in die richtige Richtung, sie zeigten auch erstmals dem hohen Klerus seine Grenzen auf. Wiewohl dieser all seine Macht in die Waagschale geworfen hatte, um die Novellen zu verhindern, erlitt er eine strategische Niederlage, die sich vor allem in Dublin offenbarte, wo die Befürworter der geplanten weitgehenden Liberalisierungen die Mehrheit erhielten, was die Regierung für die Zukunft optimistisch stimmte.

Innerhalb der Fianna Fail blieb die Debatte gleichfalls nicht ohne Folgen. Ein Teil der Mandatare befürwortete die geplanten Neuerungen, was dazu führte, dass diese sich von der Partei abspalteten und gemäß ihrer Ansichten die Partei der »Fortschrittlichen Demokraten« gründeten. Damit bildeten sie den sich verstärkenden Gegensatz zwischen Stadt und Land ab, von dem auch die beiden Regierungsparteien nicht verschont blieben. Hatten gesellschaftspolitische Fragen die öffentliche Debatte dominiert, so blieb die soziale Thematik dennoch von zentraler Bedeutung. In den agrarischen Gebieten wurden die Perspektiven immer geringer, weshalb die Auswanderung wieder zunahm. Allein im Jahr 1986 emigrierten 30.000 Iren, und obwohl das Budgetdefizit wuchs, blieben die Beschäftigungseffekte gering. Haughey legte den Finger in diese Regierungswunde und vertrat – in Abkehr der bisherigen Fianna-Fail-Politik – eine unternehmensfreundliche Steuerreform, mit der ausländische Investoren angelockt werden sollten. Irland, so forderte er Anfang 1987, solle sich dem Weltmarkt öffnen, um von den dortigen Möglichkeiten zu profitieren. Gekonnt malte er das Bild eines Irland als Drehscheibe zwischen europäischem und amerikanischem Handel, eine Art Freihafen für Innovation und Technologietransfer.

Dass er damit den Menschen aus der Seele sprach, zeigten die turnusgemäß abgehaltenen Wahlen im Frühjahr 1987, bei denen er die absolute Mehrheit nur um einen Sitz verfehlte, während die Regierungsparteien insgesamt 23 Mandate einbüßten. Offenkundig war diesen die ökonomische Lage nicht verziehen worden. Die »PD« (Progressiven Demokraten) legten mit 14 Abgeordneten einen fulminanten Start hin und verdrängten Labour damit auf Rang vier. Zu den Gewinnern zählte aber auch die Linke, die sich auf fünf Mandate verbessern konnte, ein Anzeichen dafür, dass sich nicht wenige Werktätige eine stärkere Berücksichtigung ihrer Anliegen erhofften.

Allerdings schien Haughey seine Rechnung ohne den neuen Dail gemacht zu haben, denn weder die bisherigen Regierungsparteien noch die PD – von der Workers' Party ganz zu schweigen – waren bereit, ihn als Regierungschef zu wählen, was ein Patt von 82 zu 82 Sitzen ergab. In dieser Situation rettete Haughey ein Novum. Erstmals in der irischen Parlamentsgeschichte griff der Parlamentspräsident, der gemäß der britischen Tradition zu strikter Neutralität verpflichtet ist, aktiv ins Geschehen ein und gab seine Stimme für Haughey ab, der damit nach 1979 und 1981 zum dritten Mal zum Taoiseach gewählt war.

Haughey machte die Fragwürdigkeit seiner Kür rasch vergessen. Er fand Geld, wo es vor ihm kein irischer Regierungschef gesucht hatte: in Brüssel. Sein Kabinett beantragte für zahllose Projekte EU-Förderungen und bekam diese auch bewilligt. Renovierungen der Straßeninfrastruktur, Modernisierung von Anbaumethoden, Gewinnung von Ackerflächen durch Trockenlegung von Marschland, Aufwertung und Vermarktung kultureller Hotspots, Bildungsinitiativen, all das wurde von EU-Geldern finanziert und sorgte dafür, dass das Budgetdefizit erstmals seit der unmittelbaren Nachkriegszeit wieder zurückging. 1988 verzeichnete die irische Wirtschaft ein Wachstum um vier Prozent, und Haughey, der nicht müde wurde, diese Erfolge jeden Tag aufs Neue zu preisen, machte mit seiner Eigenwerbung die Tatsache gekonnt vergessen, dass die Arbeitslosigkeit weitaus weniger wegen seiner Wirtschaftspolitik sank, sondern ob des Umstands, dass seit seinem neuerlichen Amtsantritt weitere 83.000 Iren ins Ausland abgewandert waren.

Vordergründig sprachen die Kenndaten für ihn, weshalb er nach nur zwei Jahren vorzeitige Neuwahlen ausrief, die, wie er betonte, für klare Verhältnisse sorgen sollten. Er habe gezeigt, wie man es richtig mache, dafür solle ihm die Bevölkerung den erforderlichen Rückhalt geben. Am 15. Juni 1989, dem Wahltag, aber gab es lange Gesichter in der Parteizentrale der Fianna Fail. Entgegen den Umfragen verlor Haughey vier Sitze, während Fine Gael, Labour und auch die Workers' Party, die nunmehr sieben Mandatare stellte, moderat gewannen. Haughey blieb nichts anderes übrig, als eine Koalition mit den PD einzugehen, die beim Urnengang ebenfalls zerzaust worden waren (von 14 auf 6 Sitze).

Haughey konnte seinen Ärger über diese Niederlage nicht verbergen und behandelte den Koalitionspartner unverhohlen von oben herab, diesem sogar den Posten des Vizepremiers verweigernd. Das Amt erhielt stattdessen Brian Lenihan, den Haughey so als Nachfolger von Patrick Hillery als Staatspräsident aufbauen wollte, dessen Funktionsperiode 1990 ablief. Lenihan geriet jedoch in ein schiefes Licht, als ruchbar wurde, er habe versucht, auf den Präsidenten im Sinne von Fianna Fail Einfluss zu nehmen. Als Lenihan dies leugnete, wurden zum Beweis Protokolle vorgelegt, die die Vorwürfe bewiesen. Lenihan ging daher als »Lame Duck« in den Wahlkampf um das höchste Staatsamt, doch rechnete man damit, dass er sich ungeachtet dessen knapp durchsetzen werde, da seine Mitbewerber eher unbekannt waren und als politische Leichtgewichte eingeschätzt wurden. Umso überraschender kam es, dass die von Labour nominierte Mary Robinson, die zuvor durch ihr Engagement in Sachen Familienplanung aufgefallen war, Lenihan mit einem Überhang von knapp 90.000 Stimmen schlug. Robinson war damit nicht nur die erste Frau, die irisches Staatsoberhaupt wurde, sie war auch die erste Person, die nicht von der Fianna Fail nominiert worden war.

Mochte dies Haugheys Ärger nur noch vergrößert haben, so hatte der Taoiseach bald ganz andere Sorgen, als neue Dokumente zutage traten, die bewiesen, dass auch er in Lenihans Machinationen eingeweiht gewesen war. Eine dubiose Parteispende seitens eines in Irland überaus umstrittenen Entrepreneurs – wofür diesem im Gegenzug 23 Millionen an Steuerschulden erlassen worden waren – ließen das Fass überlaufen. Haughey musste zu Jahresbeginn 1992 zurücktreten und wurde vom bisherigen Finanzminister Albert Reynolds ersetzt. Dieser suchte die Legitimierung durch Neuwahlen, was ihm aber bestenfalls zum Teil gelang. Erstmals in ihrer Geschichte fiel Fianna Fail auf unter 40 Prozent und musste neuerlich eine Koalition eingehen, wobei es zu einer Premiere kam, indem sie sich mit Labour verbündete. Deren neuer Chef Dick Spring wurde Vizepremier und Außenminister, weshalb sich der bisherige Amtsinhaber David Andrews auf die Funktion eines Marineministers abgeschoben sah, was er launig damit kommentierte, er sei der neue Minister für »Fish & Chips« (ein beliebter Snack auf den Inseln).

Das Ende von Charles Haughey war aber begleitet von grundlegenden Umbrüchen in der Welt. Ende 1989 brachen die realsozialistischen Staaten einer nach dem anderen in sich zusammen, was die weltweite Linke in eine tiefe ideologische Krise stürzte. Dies galt auch für die Workers' Party, der ihr theoretisches Fundament abhandenkam. Dies führte zu einem Richtungsstreit in der Partei, in dem Parteichef de Rossa für eine »offene Linkspartei« eintrat, da es angesichts der Weltlage absurd sei, weiter am Marxismus-Leninismus festzuhalten. Als Ende 1991 auch noch die Sowjetunion selbst implodierte, berief de Rossa für Februar 1992 einen Sonderparteitag ein, bei dem die zukünftige Ausrichtung der Partei geklärt werden sollte.

De Rossa wollte diesen auch dazu nützen, sich von den immer noch als zahlreich eingeschätzten IRA-Unterstützern in den Reihen der WP zu distanzieren, zumal vom politischen Gegner immer wieder die Anschuldigung erhoben worden war, die Partei werde aus diversen Überfällen der IRA finanziert. De Rossa erhielt am Parteitag für sein Konzept eine Mehrheit von 61 Prozent der Delegiertenstimmen, was jedoch zu wenig war, da Programm und Statut nur mit Zweidrittelmehrheit geändert werden konnten. Die Reformwilligen traten daraufhin aus der Workers' Party aus und gründeten wenig später die »Democratic Left« unter de Rossas Vorsitz, die sich genau jenem Programm verschrieb, das de Rossa am Sonderparteitag skizziert hatte. Mit ihm zogen die meisten Mandatare der WP, die mit einem einzigen Dail-Abgeordneten und ganzen sieben Stadtverordneten über Nacht in der Bedeutungslosigkeit versank. Die Verbleibenden sparten dabei nicht mit geharnischter Kritik an den Ausgetretenen, denen sie Karrierismus, Sozialdemokratismus und »Fahnenflucht« angesichts des

Kollaps' der UdSSR vorwarfen. Ironischerweise kamen die Reste der Workers' Party nur wenig später gleich doppelt ins Gerede. Zum einen wurde ihr neuer Vorsitzender nach dem Zusammenbruch der Sowjetunion als KGB-Mitarbeiter enttarnt, zum anderen konnten einigen Mitgliedern tatsächlich Verbindungen zur IRA nachgewiesen werden, was zu einer weiteren Marginalisierung der Partei beitrug, die nach 1992 keine parlamentarische Repräsentanz mehr zu erzielen vermochte.

Die regierende Koalition war in der Zwischenzeit mit einem überaus heiklen Fall konfrontiert. Ein vierzehnjähriges Mädchen war von einem Freund ihres Vaters vergewaltigt und dadurch schwanger geworden. Die Behörden unterbanden den Versuch des Opfers, nach London zu einer Abtreibung zu reisen und verboten ihm für einen Zeitraum von neun Monaten das Land zu verlassen. Menschenrechtsaktivisten wandten sich daraufhin an das Höchstgericht, das ihrem Antrag, wenn auch unter insgesamt eher fragwürdiger Argumentation, stattgab, indem das von der EU garantierte Recht auf freies Reisen innerhalb der Union als höherwertig denn die nationale Gesetzgebung eingestuft wurde. Die 14-jährige, die nach dem Ersturteil mit Selbstmord gedroht hatte, konnte abtreiben. Die Affäre führte zu einer neuerlichen Debatte über die Sinnhaftigkeit veralteter Kodices, da, wie allgemein bekannt war, ohnehin jedes Jahr bis zu 4.000 Frauen aus Irland nach Großbritannien reisten, um das von ihnen unerwünschte Resultat eines intimeren Kontakts beseitigen zu lassen. Die Koalition nahm diesen Fall zum Anlass, einen weiteren Versuch zur Modernisierung des irischen Rechtsbestandes zu unternehmen und setzte sich diesmal auf der ganzen Linie durch.

Im November 1992 wurde das prinzipielle Recht auf Abtreibung in einer Volksabstimmung abgesegnet (wenngleich diese weiterhin im Ausland vorgenommen werden musste), im Mai 1993 wurde der bedingungslose Verkauf von Verhütungsmittel erlaubt, im darauffolgenden Juni fiel auch die Kriminalisierung gleichgeschlechtlicher Beziehungen (wenn auch mit einem verhältnismäßig hohen Schutzalter von 17 Jahren). Schließlich setzte in einer weiteren Volksabstimmung im November 1995 eine Mehrheit von 9.000 Stimmen das uneingeschränkte Recht auf Scheidung durch. Irland hatte gesellschaftspolitisch den Anschluss an das moderne Europa geschafft.

Ermöglicht hatte dies nicht zuletzt die katholische Kirche selbst, deren moralische Integrität durch eine Vielzahl an Skandalen schwer untergraben worden war. Zunächst erschütterte die »Affäre Casey« die Republik. Der Bischof von Galway hatte jahrzehntelang in einer eheähnlichen Verbindung gelebt und dabei einen leiblichen Sohn gezeugt und großgezogen. Nur wenig später traten die ersten Missbrauchsfälle durch VertreterInnen der katholischen Kirche zutage. Einerseits hatten sich mehrere Priester an ihnen anvertrauten Knaben vergangen, andererseits war es in katholischen Schulen und Internaten zu schweren Misshandlungen durch körperliche Züchtigungen und psychische Folter gekommen. Die Kirche brauchte Jahre, um sich von diesen Skandalen wieder halbwegs freizuspielen, konnte aber nicht verhindern, dass sie von einer Vielzahl ihrer Schäfchen verlassen wurde. 2012 waren nur noch 78 Prozent der Iren Mitglied der katholischen Kirche, in einer repräsentativen Umfrage bezeichneten sich nur noch 47 Prozent der Iren als religiös, vor der Affäre waren es noch über 70 Prozent gewesen.

Einer jener Priester, die ihnen anvertraute Kinder und Jugendliche systematisch missbraucht hatte, war 1991 untergetaucht. Als im November 1994 bekannt wurde, dass er die meiste Zeit in einer Abtei bei Ballyjamesduff im County Cavan gelebt hatte und führende Fianna-Fail-Repräsentanten davon wussten, fühlte sich der Koalitionspartner düpiert, dessen Loyalität zuvor schon durch einen Agrarskandal, in den Taoiseach Reynolds persönlich involviert war, schwer auf die Probe gestellt worden war. Im November 1994 war somit das Mass voll, und Labour kündigte die Koalition mit Fianna Fail auf. Gemeinsam mit Fine Gael und Democratic Left wurde am 15. Dezember 1994 eine »Regenbogenkoalition« geschmiedet, es war das erste Mal in der Geschichte Irlands, dass es zu einem fliegenden Koalitionswechsel kam, ohne dass dieser durch allgemeine Wahlen legitimiert worden war. Neuer Premier wurde John Bruton, der unter FitzGerald einige Kabinettsposten bekleidet hatte, während Spring in seinen Ämtern verblieb und de Rossa neuer Sozialminister wurde.

Diese Regenbogenregierung passte gut zu dem nachhaltigen Imagewandel, den Irland zu Beginn der 90er Jahre verzeichnete. War das Land zuvor immer noch unter den Auspizien einer rural-rückständigen Gesellschaft gesehen worden, so wurde es mit einem Mal »hip«, sich mit Irland zu identifizieren. Die Folkbands der 70er Jahre wie die Dubliners oder die Chieftains hatten den Anfang gemacht, Pop- und RocksängerInnen wie Bono von U2 oder Sinead O'Connor trugen die Staffel weiter, und beim Eurovision Song Contest war Irland in den 90er Jahren praktisch nicht zu schlagen – zwischen 1992 und 1996 gab es fünf Siege hintereinander für irische Künstler, wenngleich jene 1995 für Norwegen antraten. Botschafter für das »lustige Völkchen« und die »keltische Freundlichkeit« waren aber auch Irlands Fußballteam und seine Fans. Nicht nur, dass der »Underdog« bei sportlichen Großereignissen die erklärten Favoriten mehr als einmal kräftig in Verlegenheit brachte, die unglaubliche – und schnell sprichwörtliche – Fairness seiner Anhänger brachten dem irischen Team gerade in Zeiten von immer problematischerem Hooliganismus durch englische und andere Fangruppen enorme Sympathien ein. Schließlich sorgten auch die überall auf dem Kontinent aus dem Boden wachsenden »Irish Pubs« für entsprechend dauerhafte Popularität. Die grüne Insel wurde von Touristen nachgerade überschwemmt, was phasenweise dazu führte, dass die irische Tourismusbehörde in manchen Landesteilen Einbahnsysteme auf den Landstraßen einführen musste, um den Besucherstrom kanalisieren zu können. Alsbald zeigten sich auch Schattenseiten des Booms, wenn etwa der zur Verfügung stehende Platz bei einer Sehenswürdigkeit nicht mehr ausreichte, sodass die angrenzenden Grundstücke in Mitleidenschaft gezogen wurden. Die Regierung freilich konnte dies verschmerzen, denn die Einnahmen aus dem Tourismus sanierten das Budget nachhaltig und generierten Mittel für eine grundlegende ökonomische Offensive: der keltische Tiger war geboren.

Problemreicher Norden

Wenngleich nun die südirische Wirtschaft boomte, die Probleme in Nordirland warfen immer noch einen Schatten auf die Insel. Seit der Eskalation rund um die Hungerstreiks war es zu keiner befriedigenden Lösung gekommen, alle Ansätze dazu verliefen sich im Sand oder blieben – wie etwa das Anglo-Irish Agreement 1985 – folgenlos. Auch wirtschaftlich sah die Lage immer düsterer aus. Zwar versuchte die britische Regierung mit großzügigen Steuergeschenken und anderen pekuniären Anreizen Unternehmen nach Ulster zu locken, doch die Effekte blieben überschaubar. So war etwa der amerikanische Autobauer De Lorean (eine General-Motors-Tochter) 1981 um viel Steuergeld nach Belfast geholt worden, um dort für Arbeitsplätze zu sorgen. Kaum waren die Förderungen ausgelaufen, schloss De Lorean seine Pforten und gab die Produktion seiner Sportwägen (die vor allem durch die »Zurück in die Zukunft«-Filme in Erinnerung blieben) auf. 2.000

Nordiren verloren ihren (kurzfristigen) Job. Die Provos versuchten, aus der verfahrenen Situation politischen Nutzen zu ziehen, indem sie auf eine Doppelstrategie setzten, die einer ihrer führenden Repräsentanten mit dem Slogan »Armalite and Ballot Box« zusammenfasste. Konkret sollte der politische Arm, nach wie vor »Sinn Fein« genannt, sich an Wahlen beteiligen, während die IRA auch weiterhin Anschläge zu verüben gedachte. Der wohl spektakulärste davon war jener auf den Parteitag der Konservativen in Brighton 1984, bei dem Premierministerin Thatcher nur knapp mit dem Schrecken davonkam. 1983 und 1987 errang Sinn Fein-Präsident Gerry Adams in West-Belfast jeweils ein Unterhausmandat, doch da die Nationalisten an ihrer Abstention-Strategie festhielten und ihren Sitz in Westminister nicht annahmen, verpuffte der Effekt folgenlos.

Was dazu führte, dass sich die katholische Seite zunehmend nach – friedlichen – Alternativen umzusehen begann. Schon zu Beginn der 70er Jahre hatte Ivan Cooper, der den Protestmarsch in Derry angeführt hatte, bei dem es zum »Bloody Sunday« gekommen war, mit einigen anderen die »Social Democratic and Labour Party« (SDLP) begründet, nachdem die ursprüngliche Labourpartei Nordirlands erst mehr und mehr in protestantisches Fahrwasser geraten und dann praktisch von der politischen Szene verschwunden war.

1979 übernahm John Hume die Führung der SDLP, und er propagierte eine Politik, die darauf abzielte, die Ziele der Provos mit friedlichen Mitteln zu erreichen. Es zeigte sich, dass die katholische Seite der Gewalt müde und daher bereit war, der SDLP eine Chance zu geben. Bei den Europawahlen 1989 überholte die SDLP sogar die Unionisten und wurde mit einem Stimmenanteil von über 25 Prozent knapp hinter Paisleys DUP zweitstärkste Kraft in Nordirland, während sich Sinn Fein mit 10 Prozent begnügen musste.

Der Umstand aber, dass die radikalen Protestanten sich anschickten, die Gemäßigten zu überflügeln, bot auch bei der SDLP Anlass zur Sorge. Hume kam zu der Überzeugung, dass Unionisten und moderate Katholiken in einen Dialog eintreten mussten, um eine weitere Eskalation der verfahrenen Situation vermeiden zu können. Dazu freilich war es nötig, dass die IRA wenigstens für die Zeit der Gespräche stillhielt. Also begann Hume zuerst Gespräche mit Gerry Adams, um in der Folge eine Art Mittler zwischen Sinn Fein, den Unionisten und der britischen Regierung zu werden, die seit dem Abtreten von Thatcher als Premierministerin 1990 wieder einen konzilianteren Kurs fuhr.

Die wichtigste in den Debatten entwickelte Perspektive war die prinzipielle Bereitschaft der Briten, Nordirland seine Autonomie wieder zurückzugeben unter der Prämisse, dass die katholische Seite, anders als in den Jahren 1921 bis 1973, an der Verwaltung adäquat beteiligt werde. Tatsächlich gelang es, beide Seiten zu einem Waffenstillstand zu bewegen, sodass im Juni 1991 erstmals seit Jahrzehnten alle Konfliktparteien an einem Tisch zusammenkamen.

Gleichwohl blieb die Lage weiterhin überaus fragil. Immer wieder kam es zu Gewaltausbrüchen, zu Anschlägen und in der Folge zu weiteren Todesopfern, was den Druck auf die Verhandler zusätzlich erhöhte. Die Nordirlandfrage wurde zum internationalen Thema, als sich 1993 der amerikanische Präsident Clinton und wenig später auch Südafrikas zukünftiger Präsident Mandela in die Gespräche einschalteten. Spätestens zu diesem Zeitpunkt schien allen Beteiligten klar, dass sie zum Erfolg verdammt waren.

Nach zahlreichen Konferenzen, Deklarationen und wechselseitigen Absichtserklärungen gelang es im Sommer 1994 endlich, beide Seiten zu einem dauerhaften Waffenstillstand zu bewegen, der diesmal dadurch bekräftigt werden sollte, dass alle paramilitärischen Organisationen unter internationaler Kontrolle ihre Waffen aushändigen sollten. Da sich die IRA zu diesem Schritt bereit erklärte, mussten auch die Loyalisten nachziehen, sodass das Jahr 1995 von Nordirland mit berechtigtem Optimismus begonnen werden konnte. Doch die hochgesteckten Hoffnungen sollten ein weiteres Mal enttäuscht werden. Rückschläge in den Gesprächen ließen die Gewalt immer wieder aufflackern, ohne dass die Verhandler endlich zu einem tragfähigen Kompromiss fanden. Erst die Unterhauswahlen 1997, die Labour unter Tony Blair einen Erdrutschsieg bescherten, brachten neue Dynamik in den Prozess, da die radikalen Loyalisten in diesem Urnengang abgestraft worden waren, während gleichzeitig die moderaten Kräfte, aber auch Sinn Fein, kräftig zulegten, was die Bereitschaft zum Einlenken erhöhte. Elf Monate später einigten sich alle Beteiligten auf das Karfreitagsabkommen, das zum wichtigsten Dokument in der jüngeren Geschichte Nordirlands werden sollte.

Diese Vereinbarung sah eine autonome nordirische Regierung unter Einschluss beider Konfessionen, eine nennenswerte Reduktion der britischen Truppen, eine Amnestie für politische Gefangene, die garantierte Implementierung unveräußerlicher Bürgerrechte und eine ausgewogene Kommunalverwaltung vor. Über das Abkommen, so lautete die Einigung der Parteien, sollte eine Volksabstimmung sowohl in Irland wie auch in Ulster entscheiden, da vereinbart worden war, dass die Republik ihre Verfassung von 1937 dahingehend ändern würde, nicht länger den Anspruch über alle 32 Counties der Insel aufrecht zu erhalten. Im Mai 1998 stimmten bei einer Wahlbeteiligung von 56 Prozent insgesamt 94 Prozent der Wähler in der Republik für das Abkommen, in Nordirland ergab sich eine Mehrheit von über 70 Prozent. Britannien machte daraufhin vereinbarungsgemäß den Weg frei für eine

»Devolution«, und im Juni 1998 fanden die ersten Wahlen zu einem neuen nordirischen Parlament statt. Resultat dieses Urnengangs war die Bildung einer Vierparteienregierung unter Führung der Unionisten, in der Sinn Fein das Unterrichts- und das Gesundheitsressort, Paisleys DUP die Ministerien für Soziales und Regionalentwicklung übernahmen. Die Parteien schienen sich ihrer Verantwortung für die Provinz bewusst und waren erstmals bereit, sie auch zu übernehmen.

7.
Von der Finanzkrise ins Heute (seit 2011)

Obwohl in der neuen Regenbogenregierung der Republik etliche Minister saßen, die sich als links bezeichneten – und einige, die sich zumindest bis kurz zuvor noch als Marxisten oder gar als Marxisten-Leninisten gesehen hatten –, schlug das Kabinett Bruton nachgerade sofort einen neoliberalen Kurs ein. Verstaatlichte Betriebe wurden privatisiert, Unternehmenssteuern signifikant gesenkt und allgemein eine Marktliberalisierung vorangetrieben, wie sie in dieser Form nur in den Staaten Osteuropas vergleichbar angewendet wurde. Mit zahlreichen Steuergeschenken wurden insbesondere Betriebe aus den USA angelockt, die in Irland eine willkommene Drehscheibe für den Export in den europäischen Wirtschaftsraum sahen. Firmen wie Intel oder Microsoft bildeten Cluster für die Kommunikationsbranche, wovon die irische Wirtschaft kurzfristig tatsächlich profitierte. Das BIP wuchs jährlich um durchschnittlich sechs Prozent, wobei freilich geflissentlich übersehen wurde, dass die Gewinne jener Unternehmen, die von den Steuersenkungen (von 40 Prozent Anfang 1995 auf schließlich 12,5 Prozent sieben Jahre später) profitierten, aufgrund der geringen Steuersätze nur theoretisch in Irland verbucht waren. Real floss das Geld gar nicht erst auf die Insel, es blieb »in den Büchern« gebunden. Da die Regierung auch noch einen der geringsten Tarife für Produktionsstätten innerhalb der EU akzeptierte, waren die wahren Profiteure des Booms weniger die Irinnen und Iren selbst, als vielmehr die Firmen, die sich in der Republik unbehelligt eine goldene Nase verdienen konnten.

Bruton gab sich nach außen hin von den Schattenseiten des »keltischen Tigers« unbeeindruckt. Er verwies darauf, dass es gelungen sei, die Schuldenlast des Landes beinahe zu halbieren, und vor allem darauf, dass die Arbeitslosigkeit auf fünf Prozent gesunken war, der niedrigste Stand in der Geschichte des Staates. Dabei wurde freilich übersehen, dass viele Jobs prekär waren und keine sozialrechtliche Absicherung inkludierten.

Nach dem Motto: »Das Erzählte reicht« (im Gegensatz zu dem früheren Slogan »Das Erreichte zählt«) ließ die Regierung keine Gelegenheit verstreichen, auf ihre ökonomischen Erfolge zu verweisen. Anfänglich durchaus mit Erfolg. Viele Iren kehrten in die Heimat zurück und erwarteten sich dort ihren Anteil am Boom. Zudem wurde massiv in Osteuropa um neue Arbeitnehmer geworben, die vor allem am Hoch- und Tiefbau, aber auch im Lebensmittelhandel, in der Agrarwirtschaft und im Pflegewesen Arbeitsplätze fanden. Binnen eines halben Jahrzehnts stieg die Bevölkerung Irlands von 3,8 auf 4,3 Millionen Einwohner.

Die Kombination aus Billigjobs, Masseneinwanderung und entfesselter Ökonomie stieß auf wenig Verständnis bei der linken Wählerschaft, sodass die Regenbogenkoalition bei den Wahlen im Juni 1997 hart abgestraft wurde. Brutons »Fine Gael« gewann zwar leicht hinzu, doch Labour wurde an der Urne halbiert. Die »Democratic Left« konnte nur vier ihrer sechs Sitze halten, insgesamt fanden Fianna Fail und Progressive Demokraten wieder die erforderliche Mehrheit. Der neue Premier Bertie Ahern konnte sich mit den Resultaten der Vorgängerregierung schmücken, und einmal mehr hatten Sozialdemokraten die wirtschaftliche Drecksarbeit für die Bougeoisie geleistet, um danach unbedankt auf die Oppositionsbänke geschickt zu werden.

Dies auch deshalb, weil die zügellosen Privatisierungen vor allem für die Privathaushalte spürbare Verteuerungen bedingt hatten. Hier setzte auch die trotzkistische »Socialist Party« an, die in West-Dublin erstmals einen Sitz erringen konnte. Diese Sozialisten waren gemäß Leo Trotzkis Strategie des Entrismus lange Jahre in der Labour Party aktiv gewesen, dort aber ab 1989 systematisch ausgeschlossen worden. Sie gründeten daraufhin ihre eigene Partei und organisierten Widerstand gegen die stark gestiegenen Wasserpreise ebenso wie gegen die obszöne Erhöhung der Müllgebühren. Damit schufen sie sich eine breite Basis, die 2009 sogar darin gipfelte, dass Joe Higgins, der Vorsitzende der SP, eines von nur 12 irischen Mandaten im Europa-Parlament erringen sollte. Vorangegangen war dem die Verhaftung von Higgins, weil er sich geweigert hatte, die neuen Tarife zu zahlen. Für die Sache im Gefängnis zu sein – man erinnere sich an Parnell, de Valera und andere – verlieh in Irland einem Politiker einen Glorienschein, und so zählte die SP schnell zu den ernstzunehmenden Herausforderern des Dubliner Establishment.

Und war dabei bald auch der einzige, denn die »Democratic Left« verkraftete die Wahlniederlage 1997 ebenso wenig wie die Labour Party. In beiden Parteien wurde darüber schwadroniert, dass man die Kräfte bündeln müsse, wobei einmal mehr die inhaltliche Grundsatzdebatte außen vor blieb. Im Jänner 1999 verschwand die DL sang- und klanglos von der politischen Bühne, ihre Mandatare traten in die

Labour Party über, womit sie ex post ihren Kritikern in der Workers' Party Recht gaben. Das »Bündnis« (das als solches gar nicht erkennbar war, weil die neue Partei einfach weiterhin Labour Party hieß) verlor 2002 weitere drei Prozent und ein Mandat, ein schlagender Beweis dafür, dass eine Vereinigung um ihrer selbst willen ohne fundiertes Programm selten ein Erfolgsgarant ist.

Ahern hatte zwischenzeitlich die Liberalisierung des irischen Marktes weiter zügig vorangetrieben. Die Deregulierung des Bankenwesens sorgte gemeinsam mit anhaltend niedrigen Zinsen dafür, dass zunehmend in kreditfinanzierte Immobilien investiert wurde. Bald war absehbar, dass diese einseitige Expansion der Finanz- und Bauwirtschaft zu einer Immobilienblase führen würde, doch griff die Regierung nicht korrigierend ein. Innerhalb von wenigen Jahren verdreifachte sich die Zahl der jährlich erbauten Häuser auf nahezu 100.000, während sich die Preise vervierfachten. Für viele, vor allem für die immer zahlreicher werdenden Immigranten, waren diese Immobilien schlicht unleistbar. Eine weitere Schattenseite dieser Entwicklung kam schon Ende 1997 teilweise ans Tageslicht. Es zeigte sich, dass Politiker sich ihre Zustimmung zu diversen fragwürdigen Bauvorhaben pekuniär hatten abgelten lassen. Bereits im Herbst jenen Jahres musste etwa der neue Außenminister seinen Hut nehmen. Das Parlament richtete daraufhin einen eigenen Untersuchungsausschuss ein, der akribisch, aber äußerst langsam, Fakten sammelte und bewertete. Erst nach den Wahlen 2002, die Ahern komfortabel gewann, legte der Ausschuss seinen ersten echten Bericht vor, der belegte, dass Politiker von Fianna Fail wie von Fine Gael in illegale Finanztransaktionen involviert gewesen waren. Die Kette der verdächtigen Mandatare wurde länger und länger und erreichte Ende 2006, Anfang 2007 auch Ahern selbst, dem vorgeworfen wurde, er habe einen Unternehmer dazu genötigt, Fianna Fail eine Spende von 80.000 Pfund zukommen zu lassen, damit seinem Antrag auf Wirtschaftsförderung größere Aufmerksamkeit zuteilwerden könne. Auch warf man Ahern vor, die Herkunft von rund 165.000 Pfund auf seinen Privatkonten nicht eindeutig erklären zu können. Dieser bestritt alle Vorwürfe und konnte sich durch den Wahlkampf 2007, während dessen Dauer der Ausschuss nicht tagen konnte, noch etwas Zeit erkaufen. Nachdem jedoch die Beweise erdrückend geworden waren, musste Ahern im Mai 2008 den Hut nehmen. Die Früchte seines Wahlsieges im Jahr zuvor konnte er also nicht mehr ernten.

Die Koalition aus FF und PD war 2007 eigentlich abgewählt worden, da die PD auf zwei Mandatare reduziert worden war. Doch da sprangen die Grünen in die Bresche, die erstmals in den Dail gewählt worden waren und bildeten mit Fianna Fail eine Koalition. Sie bekamen zwei Ministerien (Umwelt und Kommunikation) und verhielten sich daraufhin weitgehend unauffällig.

Der im Mai 2008 gewählte neue Taoiseach Brian Cowen – von mehreren Medien als der »schlechteste Regierungschef in der Geschichte Irlands« apostrophiert – hatte nicht nur einen schillernden Hintergrund (sein Vater betrieb gleichzeitig ein Pub, eine Fleischerei und ein Bestattungsinstitut), er absolvierte auch eine schwindelerregende Karriere. Bereits mit 24 zum Abgeordneten gewählt, nachdem der bisherige Mandatsinhaber, sein Vater, verstorben war, berief ihn Albert Reynolds 1992 als Arbeitsminister in sein Kabinett. Unter Ahern diente er sodann als Gesundheits-, Außen- und Finanzminister, ehe er die höchste Sprosse der Karriereleiter erklomm.

Zu einer Zeit allerdings, als der keltische Tiger bereits am Kollabieren war. Die überhitzte Immobilienblase war ebenso zur budgetären Belastung geworden wie die beinahe vollständige Abhängigkeit von ausländischen Direktinvestitionen.

Die Immobilienpreise begannen 2008 einzubrechen und sanken um nahezu ein Viertel, was zu einer beunruhigenden Verschuldung vieler Privathaushalte führte.

Cowen legte nun ein Budget vor, das dem Staat Geld durch massive Einsparungen im Sozial- und Gesundheitssektor einbringen sollte. Impfprogramme sollten ebenso eingestellt werden wie andere Vorsorgeinstrumentarien. Zudem wollte die Regierung substanzielle Hochschulgebühren einführen. Auch die Pensionshöhe war im Gespräch. Dementsprechend scharf war der Wind, der Cowen ins Gesicht blies. Viele seiner eigenen Parteikollegen verweigerten ihm die Gefolgschaft, allein die Grünen machten dem Regierungschef in wahrer Nibelungentreue die Mauer.

Die Budgetkrise war noch in vollem Gang, als ein »Schweineskandal« ans Tageslicht kam. Bei einigen zum Verkauf bestimmten Schweinefleischpackungen war Dioxin festgestellt worden, worauf Cowen alles Schweinefleisch vom Markt nehmen ließ. Tausende Arbeitnehmer verloren ihren Job, der Schaden belief sich auf nahezu 200 Millionen Euro. Farmer forderten Kompensationen, Konsumenten volle Aufklärung und die Opposition den Rücktritt der Regierung. Die kam zusätzlich unter Druck, als sich zeigte, dass Irland, zuletzt EU-Musterschüler, von dem berühmten 3 Prozent-Defizit in den Maastricht-Kriterien zwischenzeitlich weit entfernt war. 2009 betrug die Kennzahl 6,5 Prozent. Und im Jänner 2009 musste Cowen auch noch die bankrotte Anglo-Irish Bank (AIB) durch eine Notverstaatlichung retten, die ein noch größeres Loch in das Budget riss. Die Neuverschuldung betrug nun bereits nahezu 11 Prozent des Bruttoinlandsprodukts. Cowen stand mit dem Rücken zur Wand, die Rechnung freilich hatte der Steuerzahler zu begleichen.

Die Regierung folgte einem Konzept, das beispielsweise auch in Österreich angewandt worden war: eine 2009 gegründete »Bad Bank« übernahm Verbindlichkeiten von 81 Milliarden Euro, die in fünf Instituten angefallen waren. Einige Unternehmen bekamen staatliche Garantien, andere Unternehmen staatliche Kapitalhilfen, wofür der Staat im Gegenzug Aktien der betreffenden Firmen übernahm. All diese Maßnahmen machten aus dem keltischen Musterschüler im Handumdrehen einen Problemfall. 2010 betrug die Staatsverschuldung 84 Prozent des BIP.

Damit einher gingen die anderen in solchen Fällen üblichen Abwärtsspiralen. Die Arbeitslosigkeit, eben noch bei 4,5 Prozent gelegen, stieg bis 2010 auf über 13 Prozent, das BIP schrumpfte um über 7 Prozent, und die internationalen Ratingagenturen stuften Irland beinahe im Wochenrhythmus weiter herab. Im Juni 2010 beliefen sich Irlands Schulden auf 731 Milliarden US-Dollar, und erstmals kamen Gerüchte über eine drohende Zahlungsunfähigkeit der Insel in Umlauf.

Tatsächlich blieb Cowen nichts anderes übrig, als sich am 21. November 2010 an die EU und den IWF um Hilfe zu wenden. EU und IWF gewährten daraufhin 85 Milliarden Euro an Hilfsgeldern, banden diese aber an entsprechend drakonische Sanierungsmaßnahmen seitens der irischen Regierung: Rentenkürzungen, Personalabbau im öffentlichen Dienst, massive Erhöhung der Massensteuern, Gebührenerhöhungen und weitere Kürzungen von Sozialleistungen lautete die Vorgabe, die von der konservativ-grünen Regierung eilig erfüllt wurde.

Damit freilich verspielte die Regierung endgültig ihren Kredit. Schon seit dem Canossa-Gang nach Brüssel, der allgemein als »nationale Erniedrigung« empfunden worden war, rechnete niemand mehr damit, dass Cowen bis zu den regulären Wahlen 2012 würde durchhalten können, dennoch kam sein Fall im Jänner 2011, nur zwei Monate nach der Kreditzusage der EU, überraschend. Die eigene Partei versagte ihm unverhohlen die Gefolgschaft, worauf er die Konsequenzen zog und als Parteichef zurücktrat. Vorzeitige Neuwahlen im Februar 2011 sollten die Lage klären.

Dabei gelang es den Sozialisten, ein breites linkes Bündnis (United Left Alliance) zu schmieden, das fünf Sitze erringen konnte. Noch erfolgreicher war die Labour Party, die mit 20 Prozent der Stimmen nicht nur zweitstärkste Partei wurde, sondern sogar den größten Wahlerfolg seit 1922 einfuhr. Kräftig zulegen konnten auch Fine Gael und Sinn Fein, während Fianna Fail dramatisch abstürzte und mit 17 Prozent das schlechteste Ergebnis ihrer gesamten Parteigeschichte einfuhr. Dramatischer war nur noch das Schicksal der Grünen, die für ihre ruhmlose Rolle als Steigbügelhalter der FF gänzlich aus dem Parlament gewählt wurden.

Fine Gael und Labour verfügten im neuen Dail über eine solide Zweidrittelmehrheit und einigten sich rasch auf eine Koalition, an der lediglich zu bekritteln war, dass im Kabinett gerade einmal zwei Frauen vertreten waren (eine pro Partei), die mit den Ressorts Soziales bzw. »Kinder und Jugend« nachgerade rollenspezifische Klischees zu erfüllen hatten.

Der politische Erdrutsch war aber auch mit diesem Makel nicht zu übersehen. Fianna Fail, seit acht Jahrzehnten Irlands dominante politische Größe, war derart von der Rolle, dass sie sogar auf die Nominierung eines eigenen Kandidaten für die im selben Jahr stattfindenden Präsidentschaftswahlen verzichtete. Ein Novum für eine Partei, die mit einer Ausnahme sämtliche Präsidenten in der Geschichte der Republik gestellt hatte. So schien alles auf ein regierungsinternes Duell zwischen dem ehemaligen Kulturminister Michael Higgins von Labour und dem ehemaligen Europaminister Gay Mitchell von Fine Gael hinauszulaufen. Dazu gesellten sich Martin McGuinness von Sinn Fein, der unabhängige Unternehmer

Sean Gallagher und die ehemalige Siegerin des Eurovision Song Contest Dana. Das Wahlergebnis war dann bei einer Beteiligung von 56 Prozent recht eindeutig. Higgins wurde achter Präsident Irlands. Auffallend war lediglich, dass Gallagher sein härtester Konkurrent (28 Prozent) gewesen war, während McGuinness und Mitchell mit 13 bzw. 6 Prozent unter ihren Erwartungen blieben.

Zwar war die konservativ-grüne Regierung für das Finanzdesaster abgestraft worden, doch wie wenig später in Griechenland blieb auch der neuen irischen Regierung wenig anderes übrig, als sich dem Diktat der EU zu beugen. Fünf »Sparpakete« bedeuteten drastische Eingriffe in die soziale Sicherheit der Bevölkerung, die statistisch bald die größte Pro-Kopf-Verschuldung in der gesamten Euro-Zone (also noch höher als in Griechenland) aufwies. Als fatal erwies sich dabei einmal mehr die völlig falsche Prioritätensetzung der europäischen Finanzpolitik, musste Irland doch beinahe die Hälfte der gewährten Hilfsgelder in die Sanierung von Banken pumpen.

So war denn auch die »wirtschaftliche Erholung« ab 2012, die dazu führte, dass Irland ein Jahr später den »Rettungsschirm der EU« wieder verlassen konnte, eigentlich eine Augenauswischerei, denn dieser »Erfolg« war mit nennenswertem Anstieg der Arbeitslosenzahlen – 2012 wies Irland wieder 15 Prozent Arbeitslose auf, exakt jene Zahl, die vor dem Aufstieg zum »keltischen Tiger« konstatiert worden war. Zigtausende Arbeitsplätze gingen verloren, neue wurden kaum geschaffen, und die Menschen blieben auf ihren Schulden sitzen, die im Gegensatz zu jenen der großen Banken ja nicht gestrichen wurden. Trotz angeblichen Wirtschaftswachstums sank das BIP pro Kopf kontinuierlich bis 2015 ab, die Staatsverschuldung verbesserte sich nur leicht auf 110 Prozent des BIP, und die jährlichen Budgetdefizite blieben auf konstant hohem Niveau. Kein Wunder also, dass die Bevölkerung bald auch auf die neue Regierung aus Fine Gael und Labour nicht mehr gut zu sprechen war.

Dies umso mehr, als sich 2015 zeigte, dass sich beide Regierungen jahrelang auf eklatante Fehleinschätzungen der »Beraterfirma« Merrill Lynch verlassen hatte, die dafür Millionen-Honorare eingestrichen hatte. So war von der Firma prognostiziert worden, dass 16 Milliarden Euro zur Rettung der Banken reichen würden, real waren es dann 64 Milliarden, welche die Bevölkerung aufbringen musste, um den Kollaps des Bankwesens abzuwenden. Zusätzlich zu den Kapitalspritzen des Staates benötigte das irische Finanzsystem allerdings noch deutlich mehr Mittel, um gerettet zu werden. So verloren Investoren in nachrangige Anleihen der Banken etwa 15 Milliarden Euro. Private Investoren steckten zudem 3,1 Milliarden Euro in Aktien der Institute.

Die Austeritätspolitik sollte sich als Chance für die Linke erweisen, die, wiewohl einmal mehr getrennt antretend, in zahlreichen Wahlkreisen markante Zuwächse verzeichnen konnte. Die Plattform »People before Profit«, schon 2011 mit der Socialist Party treibende Kraft der Vereinten Linken, errang bei den Parlamentswahlen im Februar 2016 sechs Sitze, nur einen weniger als die hart abgestrafte Labour Party, die gerade noch 6,5 Prozent der Wählerinnen und Wähler von sich hatte überzeugen können. Achtbar schlug sich aber auch eine neue Gruppierung namens »Unabhängige für den Wandel«, die aus Alternativgruppen und einer Abspaltung von der Socialist Party entstanden war. »I4C«, wie die Liste allgemein genannt wurde, zog mit vier Abgeordneten in den Dail ein, und da sich auch Sinn Fein den linken Gruppierungen in einem Wahlbündnis angeschlossen hatte, konnte man nach den Wahlen konstatieren, dass 33 der 158 Sitze von Personen eingenommen wurden, die mit einem antikapitalistischem Programm angetreten waren. Dieses Resultat schien die beiden traditionellen Parteien Fine Gael und Fianna Fail so zu erschrecken, dass sie erstmals seit 94 Jahren wieder mit einander verhandelten. Man einigte sich schließlich, nachdem man gemeinsam die Gedenkfeier anlässlich der 100. Wiederkehr des Osteraufstandes begangen hatte, auf eine Fine-Gael-Minderheitsregierung, die von der Fianna Fail gestützt wurde. Der bürgerlichen Allianz hatte die Linke wenig entgegenzusetzen.

Die Linke schwächte sich in weiterer Folge zusätzlich durch zahlreiche Spaltungen selbst, sodass bald nicht einmal politische Insider zu sagen vermochten, welche Gruppe nun exakt für welches Programm stand. Während die Socialist Party, die von 1997 bis 2011 eine zentrale Rolle in der Linken gespielt hatte, de facto von der Bildfläche verschwand, bildeten ihre ehemaligen Protagonisten gleich fünf verschiedene Organisationen, die sich später wieder auf zwei reduzierten. Bei den Wahlen 2020 errang das neue Bündnis RISE (Revolutionary, Internationalist, Socialist, Environmentalist) immerhin noch fünf Sitze, während I4c gerade noch ein Mandat retten konnte. Die Zerrissenheit, welche die Linke politisch dargeboten hatte, führte also beinahe zur Halbierung ihrer Repräsentanz, wobei die allgemeine Erschöpfung der Geschröpften (also der Bevölkerungsteile, die Opfer der Austeritätspolitik geworden waren) zusätzlich dazu beitrug, dass die Rechte weiterhin unangefochten bleiben konnte. Dass auch Labour einen Abgeordneten verlor, führte dazu, dass die Linke nach zehn Jahren des kontinuierlichen Aufschwungs seitdem wieder weitgehend marginalisiert ist.

Die einzige Gruppierung, die seit der Finanzkrise einen permanenten Aufwärtstrend verzeichnet, ist Sinn Fein, wobei es der Partei gelang, erstmals seit hundert Jahren wieder stärkste Kraft zu werden. Bedenkt man jedoch, dass Sinn

Fein, Fianna Fail und Fine Gael allesamt aus derselben Urquelle stammen, ist es wiederum einigermaßen erstaunlich, dass sich, allen politischen Wechselfällen zum Trotz, immer noch knapp 70 Prozent der irischen Wählerschaft für diese Gruppen zu erwärmen vermögen. Und so gesehen ist es nicht einmal sonderlich merkwürdig, dass Fianna Fail und Fine Gael 2020 zum ersten Mal seit Januar 1922 wieder ein gemeinsames Kabinett bildeten. Und wie damals scheint es eine nennenswerte Opposition dagegen nicht zu geben.

Noch einmal Nordirland

Der Norden war durch das Karfreitagsabkommen 1998 vorerst einmal befriedet worden. Erstmals seit einem Vierteljahrhundert gab es wieder eine nordirische Regierung, die sich von jenen der ersten Phase dadurch unterschied, dass nun eben auch Katholiken im Kabinett saßen. 2003 allerdings zeigte sich, dass die Wählerschaft mit der Koalition der Gemäßigten unzufrieden war, denn auf beiden Seiten siegten die radikaleren Kräfte, die ihren Triumph vorerst freilich nicht in einen politischen Erfolg ummünzen konnten, da London die Selbstverwaltung Nordirlands vorerst suspendierte. Erst im Gefolge des St.-Andrews-Abkommens konnte 2007 eine Koalition aus Paisleys DUP und der Sinn Fein gebildet werden, die sodann zehn Jahre lang einen mehr oder weniger gefestigten Frieden sicherte.

Als jedoch einige Skandale im Umfeld der DUP ans Tageslicht kamen und Sinn Fein nur um 1.200 Stimmen den ersten Platz in den Wahlen 2017 verpasste, geriet Nordirland wieder in eine politische Krise, die dazu führte, dass bis Januar 2020 keine eigene Regierung im Amt war. Erst die politischen Eruptionen rund um den Brexit zwangen Sinn Fein und DUP wieder an einen Tisch. Denn der Brexit war ein Thema, das seit 2016 auch die grüne Insel in Atem hielt.

Glaubt man der Legende, dann begann alles mit einer persönlichen Befindlichkeit. Britanniens Premier Cameron fühlte sich bei einem EU-Gipfel von Deutschlands Kanzlerin Merkel und Frankreichs Präsidenten Sarkozy düpiert, weshalb er ein Referendum über die weitere Zukunft des Vereinten Königreichs innerhalb oder außerhalb der EU initiierte. Dieses brachte letztlich überraschend eine knappe Mehrheit für den Austritt des Landes aus der Union. Cameron reagierte mit der Ankündigung, als Premier zurückzutreten. Während manche Beobachter noch spekulierten, ob er sich durch dieses Aviso Luft verschaffen wollte, machte seine Partei Nägel mit Köpfen und wählte flugs Theresa May zur neuen Premierministerin, während Cameron weiter nichts übrigblieb, als sich ins Privatleben zurückzuziehen.

Zu diesem Zeitpunkt mochte man in Brüssel noch hoffen, dass nichts so heiß gegessen wie gekocht werde, da es immerhin schon eine satte Anzahl an Referenden gegeben hatte, die ursprünglich gegen die EU ausgegangen waren (Dänemark, Niederlande, Frankreich, Irland, um nur einige zu nennen), wo man die Abstimmung einfach so lange wiederholt hatte, bis das Resultat den EU-Gremien genehm war. Mit Theresa May, die als ausgewiesene Brexit-Gegnerin gegolten hatte, hoffte man, den Schaden reparieren zu können. Doch rasch zeigte sich, dass die »Brexiteers« sich die Butter nicht mehr vom Brot nehmen lassen wollten. In rascher Abfolge erließ Westminister Gesetze, die die Weichen ganz eindeutig auf eine rasche und vollständige Trennung stellten. Im April 2017 rief May mit der Begründung, sie wolle ein breites Mandat für die bevorstehenden Austrittsverhandlungen, vorzeitige Neuwahlen aus, die den Konservativen jedoch die Mandatsmehrheit im Unterhaus kosteten. Andererseits fuhren alle pro-europäischen Parteien herbe Verluste ein, sodass sich die Unausweichlichkeit der Trennung nun für jedermann deutlich erschloss.

Was folgte, war eine politische Farce in unzähligen Aufzügen. Immer wieder wird das Austrittsdatum verschoben, Versuche, das Unausweichliche zu revidieren, scheitern ebenso wie die Anläufe, sich auf einen brauchbaren Scheidungsvertrag zu einigen. May gibt schließlich entnervt auf und wird durch den Brexit-Hardliner Johnson ersetzt, der den Austritt auf Teufel komm raus (»Do or die«) durchpeitschen will. Dabei geht es freilich nicht nur um handfeste ökonomische Interessen, Millionen von EU-Bürgern, den Thesen der europäischen Grundwerte Glauben schenkend, leben und arbeiten in Großbritannien. Ihre Zukunft steht damit genauso auf dem Spiel wie die eingelebte wirtschaftliche Praxis auf der grünen Insel.

Für Irland war das Ausscheren Britanniens aus dem EU-Konsens gleich ein doppeltes Problem. Zum Einen hatten sich die Verhältnisse zwischen der irischen Republik und dem britischen Nordirland nach langen Jahren voller Konflikte endlich halbwegs normalisiert, zum Anderen verlief der Großteil der irischen Exporte über England. Die Wiedererrichtung von Zollschranken würde also für die irische Wirtschaft einen herben Rückschlag bedeuten. Dies gleich aus mehreren Gründen: 85 Prozent aller irischen Exporte werden über Häfen in Großbritannien abgewickelt. Sie werden über die irische See nach Liverpool oder Wales verschifft, dort auf LKW verladen und durch den Kanaltunnel auf den Kontinent gebracht. Umgekehrt bezieht Irland ein Viertel seiner Importe aus Großbritannien. All diese Waren würden mit der Abwicklung des Brexit unter entsprechende Zollschranken fallen. Erschwerend kommt hinzu, dass viele amerikanische oder asiatische Firmen ihre Produkte zuerst nach Britannien senden, von wo aus die irischen Quoten weitertransportiert werden. Auch hier gelten dann nicht mehr die Regeln des gemeinsamen Marktes. Schließlich bezieht Irland ein gutes Drittel seines Fischfangs aus den gemeinsamen Gewässern mit Großbritannien, sodass auch hier mit nennenswerten (finanziellen oder quantitativen) Einbußen zu rechnen war.

Noch beunruhigender für die irische Wirtschaft, die sich noch immer nicht wirklich von den ökonomischen Katastrophen zwischen 2009 und 2013 erholt hat, ist der Umstand, dass viele internationale Konzerne wie Google, Amazon oder Apple sich in Irland niedergelassen hatten, weil für sie dort günstige Steuerbedingungen herrschen. Da aber durch den Brexit weitere Vorteile für diese Firmen entfielen, stand für Dublin zu befürchten, dass diese Unternehmen Irland wieder verlassen, zumal Irland durch entsprechende Entscheidungen der EU-Kommission, welche die Steuerbegünstigung von Google, Amazon & Co. als illegale Staatshilfen einstufte, den Multis keine Sonderbedingungen mehr einräumen kann, wodurch Großbritannien, das nicht (mehr) an EU-Regeln gebunden ist, für diese Konzerne an Attraktivität gewinnt. Irland hatte also allen Grund, einen »harten Brexit« unbedingt hintanzuhalten, und trat daher für einen Verbleib Großbritanniens in der Zollunion sowie für die Fortschreibung des bisherigen Status ein. Tatsächlich deutete anfänglich einiges darauf hin, dass sich Großbritannien und die EU auf eine Lösung namens »Backstop« geeinigt hätten. Diese sah vor, dass das gesamte Vereinigte Königreich weiter an die EU-Regularien gebunden bliebe, um unterschiedliche Rechtssysteme in Großbritannien und Nordirland zu verhindern. Allerdings wurde dieser Vorschlag vom britischen Parlament verworfen. Wie sehr die Nerven zu diesem Zeitpunkt blank lagen, ließ sich daran ablesen, dass Irland ernsthaft die Entsendung von Truppen an die irisch-nordirische Grenze erwog, um den Forderungen der Republik Nachdruck zu verleihen.

Das (verbale) Muskelspiel zeitigte jedoch keine Folgen. Im Oktober 2019 wurde die Idee des »Backstop« endgültig fallengelassen und stattdessen eine Regelung vereinbart, wonach vom Vereinten Königreich lediglich Nordirland im europäischen Zollverband bleibt. Für Irland bedeutete dies, dass es seine Waren ab 2021 direkt von Holyhead oder anderen irischen Häfen nach Cherbourg oder andere europäische Häfen verschiffen müsste, wozu bislang noch keine entsprechenden Kapazitäten geschaffen wurden. Es kam, wie es kommen musste. Anfang 2021 führten die nun notwendigen Zollkontrollen der Warenlieferungen aus Großbritannien nach Nordirland zu einem verzögerten Warenverkehr, worauf die britische Regierung androhte, sie werde einseitig einige Teile des Protokolls verzögern, wogegen die EU rechtliche Schritte ankündigte. Dort aber, wo das neue Rechtsregime zu spürbaren Einbußen und finanziellen Verlusten führte, entluden sich die seit 2016 aufgestauten Spannungen in gewalttätigen Auseinandersetzungen. Nordirland war wieder zum Zentrum blutiger Konflikte geworden.

Ende März 2021 kam es zu ersten gewaltsamen Ausschreitungen in Derry, nachdem zuvor paramilitärische Gruppierungen der protestantischen Seite angekündigt hatten, das Karfreitagsabkommen von 1998 nicht länger zu unterstützen, solange zwischen Nordirland und dem Rest des Königreichs eine Grenze bestünde, während zwischen Ulster und Eire keine verlaufe. Am 9. April 2021 kam es neuerlich zu Auseinandersetzungen, bei denen 19 Polizisten verletzt wurden. Auffallend dabei war, dass die protestantische Führung wegen des Todes von Prinz Philip zu Ruhe und Ordnung aufgerufen hatte, was aber deren eigene Basis nicht zur Kenntnis nahm.

In der Folge wurden von Loyalisten (Protestanten, die sich allein der britischen Krone verpflichtet fühlen) mehrfach Autobusse der öffentlichen Verkehrsbetriebe entführt. Man zwang die Insassen dazu, auszusteigen, das leere Automobil wurde sodann in Brand gesteckt. Als schließlich auch Übergriffe auf nordirische Katholiken registriert wurden, stand die Provinz einmal mehr an der Kippe zum Bürgerkrieg, wenngleich die Regionalregierung aus DUP und Sinn Fein vorerst noch zu kalmieren versuchte. Von einer Stabilität in der nordirischen Exekutive konnte hingegen keine Rede sein. Schon nach den Regionalwahlen 2017 war es den beiden Antipoden nicht gelungen, sich auf ein Kabinett zu einigen, weshalb einmal mehr London die Verwaltung der Provinz übernahm. Einer der Hauptstreitpunkte war dabei der »Irish Language Act«, der dem irischen Gälisch den Status einer zweiten Amtssprache einräumen sollte, wogegen sich die Protestanten heftig zur Wehr setzten. Erst nach den Unterhauswahlen 2019 kam wieder Bewegung in die Verhandlungen, und buchstäblich im letzten Moment kam im Januar 2020 eine neue Regierung zustande, die wieder unter Arlene Fosters Leitung stand. Hinsichtlich des Gälischen hatte man sich auf den Kompromiss geeinigt, dass die Verwendung dieser Sprache vor Ämtern und Behörden in den jeweiligen Fachgesetzen implementiert werden sollte, ohne dass ein eigenes Gesetz die Thematik auf einer generellen Ebene regelt. Foster verwehrte sich gegen die Idee, Nordirland zollrechtlich vom Rest der Monarchie abzukoppeln, wobei sie sich auf den »Act of Union« berief. Als sie sich mit ihrer Sicht bei der Londoner Regierung nicht durchsetzen konnte, wurde sie von ihrer eigenen Partei gestürzt und musste im Juni 2021 zurücktreten.

Ihr Nachfolger Paul Givan stand von Anfang an in der Kritik, nicht nur für seine reaktionäre Weltsicht – Givan ist Kreationist und tritt dafür ein, neben der allgemein anerkannten Evolutionstheorie auch die biblische Schöpfungsgeschichte als gleichberechtigte These in Schul-Curricula zu unterrichten, zugleich ist er ein scharfer Gegner gleichgeschlechtlicher Beziehungen –, sondern auch für einige verbale Entgleisungen, die ihm den Vorwurf des Sexismus einbrachten. Allerdings wählte die DUP noch im Juni 2021 mit Jeffrey Donaldson einen neuen Vorsitzenden, der dem Vernehmen nach auch als Spitzenkandidat bei den Regionalwahlen im Frühjahr 2022 antreten sollte, sodass Givan lediglich ein Platzhalter auf Abruf war. Diesem Urnengang wurde eine besondere Bedeutung beigemessen, da in allen Umfragen, die im Herbst 2021 publiziert wurden, Sinn Fein mit großem Abstand stärkste Partei war. Die DUP musste demnach mit Verlusten von bis zu einem Viertel ihrer Wählerschaft rechnen, während die Ulster Unionist Party und die Traditional Unionist Voice mit satten Gewinnen rechnen konnten. Vermehrten Zuspruch durften sich auch die überkonfessionelle Alliance Party und die linke »People before Profit« ausrechnen, sodass erstmals seit längerem die Chance bestand, der konfessionellen Spaltung eine konstruktive Opposition entgegenzusetzen. Dazu freilich erscheint es als unumgänglich, die 2021 eingetretenen Spannungen zwischen Protestanten und Katholiken effizient einzudämmen, was angesichts der durch den Brexit verschärften ökonomischen Krise gegenwärtig nicht leicht zu werden verspricht.

Tatsächlich entsprachen die Resultate der Wahl am 5. Mai 2022 dann weitgehend den Prognosen. Erstmals in der Geschichte Nordirlands wurde Sinn Fein mit ihrer Spitzenkandidatin Michelle O'Neill stärkste Partei. Sie legte neuerlich auf nunmehr über 29 Prozent zu, während die DUP dramatisch verlor und nur noch auf knapp über 21 Prozent der Stimmen kam. Und während im protestantischen Lager die traditionelle UUP (Ulster Unionist Party) Zuwächse verzeichnete, gingen Sinn Feins Erfolge auf Kosten der sozialdemokratischen SDLP. Überraschend gut schnitt die überkonfessionelle Alliance Party ab, die mit 17 Mandaten nunmehr drittstärkste Kraft im nordirischen Parlament ist. Und dieweilen »People before Profit« ihren Sitz in Belfast halten konnten, verpassten die Grünen den Wiedereinzug in die Volksvertretung. Vom konfessionellen Standpunkt aus betrachtet, sitzen nun 36 Protestanten und 35 Katholiken in Stormont Castle (dem Sitz des nordirischen Parlaments), während 19 Abgeordnete sich einer solchen Zuordnung entziehen. Gemäß den gesetzlichen Bestimmungen hat O'Neill den Anspruch auf die Funktion des »First Minister«, doch kündigte die DUP unmittelbar nach der Wahl an, eine solche Regierung nicht akzeptieren zu wollen. Die Krise scheint im Mai 2022 damit prolongiert, was zu der absurden Situation führt, dass vorerst jener Mann die Regierungsgeschäfte leitet, den ja nicht einmal mehr seine eigene Partei, die DUP, unterstützt. Eine abermalige direkte Verwaltung durch London steht damit ebenso im Raum wie neuerliche Konflikte, die sich angesichts der prekären Lage jederzeit in neuen gewalttätigen Auseinandersetzungen entladen könnten. Dies umso mehr, als das Wählervotum mehr denn je als Auftrag zu einer Art Wiedervereinigung Irlands interpretiert werden darf, was für die protestantischen Hardliner keinesfalls hinnehmbar wäre. Die politische Situation Nordirlands ist somit weiterhin überaus volatil und damit auch – im Wortsinne – explosiv, da die politischen Verwerfungen nur Spiegelbild der ökonomischen Unwägbarkeiten rund um die Folgen des Brexit sind.

Denn auch in Großbritannien selbst zeigten sich rasch negative Auswirkungen. Durch den Wegfall von osteuropäischen Arbeitsmigranten kam es im Herbst 2021 zu mehreren Versorgungsengpässen, so bei Kraftstoff, manchen Lebensmitteln und diversen Importwaren. Negativ macht sich auch der Umstand bemerkbar, dass seit Anfang 2020 insgesamt 300.000 Arbeitskräfte Großbritannien in Richtung Europäische Union verließen, was zu einem akuten Arbeitskräftemangel am Bau, in Supermärkten und in der Logistikbranche führte. Irland wiederum verzeichnete 2020 ein Minus von 6,8 Prozent beim Bruttoinlandsprodukt und ein Ansteigen der Jugendarbeitslosigkeit auf 16 Prozent. Die Lage auf dem Arbeitsmarkt ist weiterhin besonders volatil, da mittlerweile 85 Prozent aller Beschäftigten im Dienstleistungssektor arbeiten, der seit der Finanzkrise durch eine besondere Fluktuation gekennzeichnet ist. Zwar prognostizieren Wirtschaftsforscher eine Erholung der irischen Wirtschaft vor allem hinsichtlich der Faktoren Arbeitslosigkeit und Inflation (die im Mai 2022 5,66 Prozent betrug), doch wirkt sich die anhaltende Pandemie auch in Irland weiterhin negativ auf die ökonomische Entwicklung aus.

Ausblick

100 Jahre nach der Ausrufung des »Irischen Freistaates« würden dessen Protagonisten ihre Insel wohl nicht mehr wiedererkennen. Das rurale Irland im keltischen Zwielicht gehört längst der Vergangenheit an, ist, um es pathetisch zu formulieren, mit de Valera ins Grab gesunken. Aber auch die Republik, für die – wenn auch unter unterschiedlichen Vorzeichen – Pearse und Connolly – ebenso pathetisch gesagt – ihr Leben gaben, wurde niemals Wirklichkeit. Es scheint nicht übertrieben zu konstatieren, dass keines der Ziele der (historischen) Sinn Fein verwirklicht werden konnte. Weder gibt es heute einen einheitlichen Staat für alle 32 Counties, noch sprechen dessen Bewohner Gälisch. Die Auswirkungen des Brexit zeigen deutlich, wie sehr Irland auch heute noch von Großbritannien abhängig ist, und nicht zuletzt trug Covid dazu bei, Irlands Wirtschaftsfaktor Nummer 1, den Tourismus, nachhaltig zu dämpfen. Zwar ist das EU-Mitglied Irland heute ge-

sellschaftspolitisch wesentlich freier als zu Zeiten de Valeras, aber seit dem Dahinscheiden des »keltischen Tigers« sind die ökonomischen Perspektiven der irischen Bevölkerung wieder überaus limitiert. Einmal mehr droht die Inselrepublik zum Auswanderungsland zu werden. Und die jüngste Gewaltwelle in Ulster zeigt, dass das innerirische Problem der Teilung nach wie vor nicht nur politischen Sprengstoff birgt.

22 Prozent der irischen Bevölkerung leben zu Beginn der 20er Jahre des 21. Jahrhunderts in relativer Armut, das ist einer der höchsten Werte in der EU. Und wie in anderen europäischen Staaten auch, lässt die ökonomische Zentralisierung vor allem ländliche Gebiete weiter verarmen. 2021 leben nur noch fünf Prozent der Iren von der Landwirtschaft bzw. vom Fischfang, sonst gibt es, abgesehen vom Tourismus, im ruralen Irland praktisch keine Möglichkeiten, ein ansprechendes Auskommen zu finden. Die eben erst nach Überwindung der Bankenkrise halbwegs konsolidierte Ökonomie schlitterte durch Covid in die nächste Kalamität. Keine sonderlich rosigen Aussichten also für die grüne Insel.

Die beiden bürgerlichen Parteien, die seit hundert Jahren abwechselnd den Premierminister stellen, sehen sich mehr und mehr einem Legitimitätsproblem gegenüber, da sie kaum noch Möglichkeiten besitzen, ihre Klientel zu bedienen. Die katholische Kirche, jahrhundertelang die moralische Richtschnur in Irland, hat sich durch zahlreiche Skandale selbst ins Abseits manövriert, und doch kann die irische Linke aus all dem, wie es scheint, kein nennenswertes Kapital schlagen. Zwar zeigten die Urnengänge des abgelaufenen Jahrzehnts, dass durchaus eine erkennbare Bereitschaft der Wählerinnen und Wähler vorhanden ist, linke Parteien zu unterstützen, doch nirgendwo in Europa ist die Linke derart zersplittert wie in Irland.

Die stärkste politische Kraft, die sich selbst als links definiert, die Sinn Fein, hervorgegangen aus dem politischen Arm der Provisional IRA, scheint in einer besonderen Zwickmühle gefangen. Seit sie sich vom Fernziel einer sozialistischen Republik aller 32 Counties verabschiedet hat, fehlt es ihr an einem konkreten Programm. In Nordirland wirkt sie als integraler Bestandteil der dortigen Konzentrationsregierung an einer neoliberalen Gestaltung der Provinz mit, die sie in der Republik, wo sie es zur stimmenstärksten Kraft gebracht hat, wortreich beklagt. Zwar deutet gegenwärtig nichts darauf hin, dass Sinn Fein in absehbarer Zeit auch im Süden der Insel die Regierung stellen könnte, doch scheint es naheliegend, dass sie, sollte sie doch Kabinettsposten übernehmen können, kaum aus dem neoliberalen Konsens in Europa ausscheren würde. Welche Auswirkungen das für die Partei hätte, lässt sich am Projekt »Demokratische Linke« ablesen, das sich in den 90er Jahren des vorigen Jahrhunderts an der »Regenbogenkoalition« beteiligte und diesen Schritt buchstäblich mit ihrer Existenz büßte.

Die seit 2020 grassierende Pandemie hat einerseits die ökonomische Lage weiter destabilisiert, sie hat aber auch, bedingt durch die diversen Schutzmaßnahmen, den politischen Protest weitgehend eingeengt. Der Widerspruch der Linken ist gegenwärtig auf das parlamentarische Geschehen beschränkt, und dort wirkt ihre Stimme angesichts der großen bürgerlichen Mehrheit eher leise.

Insgesamt scheint Irland 2022 vor einer grundlegenden Wegscheide zu stehen. Die alten Konzepte, das vereinigte gälische Irland, gehören unwiederbringlich der Vergangenheit an. Dem »modernen Irland« als integraler Bestandteil der kapitalistischen Europäischen Union wurden in den letzten zehn, zwölf Jahren mehrmals überdeutlich seine Grenzen aufgezeigt. Ein neuer Ansatz, etwa eines postkapitalistischen Irland im Rahmen einer egalitären europäischen Sozialunion, in der die Menschen mehr zählen als die Profite, ist derzeit erkennbar ein eindeutiges Minderheitenprogramm. Doch wer von den Zeitzeugen hätte 1916 nach dem Scheitern des Osteraufstandes geglaubt, dass die Briten nur ein halbes Jahrzehnt später würden kapitulieren müssen. Keine Frage: das Schwungrad der Geschichte ist auch in Irland in Bewegung. Die Antwort auf die Frage, in welche Richtung es sich dreht, bleibt freilich vorläufig abzuwarten.

Weiterführende Literatur

Kieran Allen: Fianna Fail & Irish Labour, Chicago 1997
Brian Barton: A Pocket History of Ulster, Dublin 1996
David Beresford: Ten Men Dead, London 1994
Paul Bew / Peter Gibbon / Henry Patterson: Northern Ireland 1921-1994, London 1995
Richard Bourke / Ian Mc Bride: History of Modern Ireland, Princeton 2016
Terence Brown: Ireland, a social & cultural History, London 2004
Julia Carlson: Banned in Ireland, London 1990
Peg Coghlan: Irish Saints, Dublin 1999
Stephen Collins: Spring and the Labour Party, Dublin 1993
Tim Pat Coogan: De Valera, London 1994
Tim Pat Coogan: The IRA, London 1995
Frank D'Arcy: The Story of Irish Emigration, Dublin 1999
Bernadette Devlin: The Price of my Soul, New York 1969
Owen Dudley-Edwards: Eamon de Valera, Cardiff 1987
Ruth Dudley-Edwards: James Connolly, Dublin 1998
Ruth Dudley-Edwards: Patrick Pearse, Vale 1990
Earl of Longford / Thomas O'Neill: Eamon de Valera, Dublin 1970
Brian Farrell: Sean Lemass, Dublin 1991
Sarah Healy: A Compact History of Ireland, Dublin 1999
Gemma Hussey: Ireland Today, London 1995
Neil Jordan: Michael Collins, London 1996
Emmet Larkin: James Larkin, London 1989
Jim Larkin jr.: Big Jim. Dublin 1995

Helen Litton: Irish Rebellions, Dublin 1998
Morgan Llywelyn: 1916, New York 1998
Morgan Llywelyn: Irish Rebels, Dublin 2000
Michael Maurer: Geschichte Irlands, Ditzingen 2019
Sean McMahon: Robert Emmet, Dublin 2001
Sean McMahon: The Island of Saints and Scholars, Dublin 2001
Mary Moriarty / Catherine Sweeney: Markievicz, Dublin 1997
Danny Morrison: Troubles, Münster 1997
John O'Beirne: A short History of Ireland, Cambridge 1999
Brendan O'Brien: History of the IRA, Dublin 1997
Sean O'Casey: The Story of the Irish Citizen Army, London 1980
Kit O'Ceirin: Women of Ireland, Galway 1997
Frank O'Connor: The Big Fellow, Dublin 1979
Sean O'Faolain: De Valera, London 1939
Brendan O'hEithir: A Pocket History of Ireland, Dublin 1996
Edward Purdon: The Story of the Irish Language, Dublin 1999
Edward Purdon: The 1916 Rising, Dublin 1991
Kevin Rafter: The Clann, Dublin 1996
T. Ryle Dwyer: Eamon de Valera, Dublin 1998
J. McGowan Smyth: The Houses of the Oireachtas, Dublin 1979
Benedikt Stuchtey: Geschichte Irlands, München 2012
Peter Taylor: Provos, London 1998
Pauric Travers: Dev, Dublin 1994
Charles Townshend: Ireland, the 20th Century, London 1999
Sabine Wichert: Northern Ireland since 1945, London 1991
Burke Wilkinson: The Zeal of the Convert, New York 1985

Bitte beachten Sie auch die nachfolgenden Seiten.

Andreas Pittler

Geschichte Österreichs

Basiswissen Politik / Geschichte / Ökonomie

Pocketformat
127 Seiten; € 9,90 [D]
ISBN 978-3-89438-679-5

Jahrhundertelang war »Österreich« Teil des Habsburgerreiches. Im Gefolge des Ersten Weltkrieges aber zerbrach die Donaumonarchie in ihre Bestandteile, und »Österreich« war, so der französische Regierungschef Clemenceau, »was übrigblieb« – und wurde Republik. Andreas Pittler setzt bei diesem neuen Kapitel an und schildert die enormen Schwierigkeiten, denen sich der neue Staat in der Zwischenkriegszeit gegenübersah. Wie auch in Deutschland wurde 1918 die Chance verpasst, dem Land eine antikapitalistische Alternative zu geben, Folge davon war der ruhmlose Untergang eines Staates, den keiner wollte. Pittler behandelt sodann den antifaschistischen Widerstand, zunächst gegen die ständestaatliche Diktatur, dann gegen das nazistische Terrorregime. Schließlich schildert er die Entwicklung Österreichs nach der Befreiung vom Faschismus und den Aufstieg seiner »Zweiten Republik«. Abgerundet wird der Band mit den jüngsten politischen Entwicklungen.